山東方言の調査と研究

馬　鳳如

白帝社

本書は「山口県立大学学術出版助成」による刊行である。

山东省地图

山东方言图

图例：
- ● 东区东莱片
- ◐ 东区东潍片
- ⊕ 西区西鲁片
- ○ 西区西齐片

山东方言分区图

まえがき

　山東省は中国の東部、黄河下流にある。東は渤海、黄海に面し、朝鮮半島や日本列島と海を隔てて相対している。内陸の西北部は河北省と、南西部と南部はそれぞれ河南省、安徽省、江蘇省と接し、境界線は南北が約420キロメートル、東西が約700キロメートルである。総面積は15.67万平方キロメートルで、人口は、2001年4月11日に発表された第5回人口調査結果によると、9079.31万人である。

　山東省は「魯」、「斉魯」と称され、中国古代文明発祥地の一つである。1981年の沂源猿人化石の発見により、早くも四、五十万年前、山東省内に古人類がすでに存在していたことが確認された。また、北辛文化、大汶口文化、龍山文化からは、4000〜7000年前、山東省の原始住民の東夷人が農業、畜産業、手工業を発展させていたことがわかる。山東省は「孔子孟子の郷、礼儀の邦」とも言われ、孔子をはじめ今日においても大きな影響力を持つ歴史上の人物を輩出した。偉大な思想家、教育者の孔子が確立した儒学は、中国伝統文化の中核となり、世界的にも大きな影響を与えた。著名な軍事家である孫子の『孫子兵法』は今でも内外軍事著作の古典的名著である。また、思想家の孟子、墨子、書家の王羲之、名医扁鵲、軍事家諸葛孔明ら山東出身者は中国文化への卓越した貢献により歴史にその名が残された。

　言語は重要な文化現象で、文化を媒介する。山東方言は、山東省住民により古くからコミュニケーションに用いられ、山東文化には欠かすことができない意思伝達手段である。山東方言の研究は、古くから重視されてきた。後漢揚雄が『輶軒使者絶代語釈別国方言』を編纂し、多くの方言語彙を記録したが、著作に記された「斉魯」、「青兗」、「平原」、「淄博」、「曲阜」、「巨野」、「東斉海岱之間」はすべて山東方言に関係する。また、『尚書』、『周礼』、『左伝』、『公羊伝』等早期の文献にも、多くの斉魯方言語彙が含まれる。魏晋時代から明清時代にかけても、断続的に山東方言に関する音韻著作や随筆等が出版された。但し、

山東方言を全面的、科学的な方法で調査、研究したのは20世紀50年代後半からのことであった。1957～1959年、山東省教育庁は中国語共通語を普及させるために、省内103地点で、方言の全面調査を実施した。山東大学、山東師範大学と曲阜師範大学3大学の専門教員を中心としたこの調査は、山東方言の音声的特色の概況を把握するなど目覚しい成果を上げた。1981～1982年、山東方言の調査と研究は新しい段階に入った。山東省教育庁は「方言調査講習班」を2回開催し、山東方言の調査と研究者の水準を高めた。その上で、第2回目の大規模な方言調査を実施した。この間、調査研究は角度が多様化し、内容も深化した。

筆者は駆出しの方言研究者として、幸運なことに1982年第2期の「方言調査講習班」に参加し、銭曾怡、高更正、高文達諸先生の指導のもとで、済南、金郷、単県、莱西、膠州、黄島、章丘等市、県の方言を調査した。本著の大部分はその調査に基づいて行った研究の成果である。

本著は音声、語彙、文法の3編で構成され、すべて日本で研究した成果である。収録した論考には、かつて学術論文集、研究紀要で発表し、最近手を入れたものや、またこのたび新たに完成させたものもある。日本での山東方言資料入手は困難なので、先行研究者が発表された貴重な資料を整理したものを本著に収めさせていただいた。

ここで、まず、この十数年にわたり、ご指導、ご助言を下さった銭曾怡、高更正、高文達諸先生に衷心からの謝意を表したい。また、本論集の出版を引き受けてくださった白帝社の方々に厚く感謝の意を伝えたい。原稿を通読し、日本語表現の誤りを訂正してくれた友人の吹屋哲夫先生に厚く感謝する。最後に、本著の出版に学術出版助成金を提供して下さった勤務先の山口県立大学に深く謝意を申し上げる。その強力なご支援がなければ、本著の出版は何時になったことであろうか。

著者は方言研究の知識、経験とも不十分であり、またここ十数年は国外で暮らしをしているので、本著は多くの誤りを含んでいると思われる。ご指導賜らんことを切に願っている。

2003年12月26日

馬鳳如

目　次

まえがき

音声編：
  山東方言声母の統一と分化 …………………………………………… 5
  山東方言の声調構造 …………………………………………………… 18
    付1：山東省36地点声調比較表 ……………………………………… 38
    付2：山東省109地点方言声調のまとめ …………………………… 41
  金郷方言における変調、軽声、児化 ………………………………… 46
  『金瓶梅』の音声特徴と魯西南方言の音声 ………………………… 68

語彙編：
  『金瓶梅』における山東方言語彙の考証 …………………………… 79

文法編：
  魯西南方言文法三話 …………………………………………………… 136
  魯西南方言における特殊な文法表現 ………………………………… 149
    付3：山東省25地点方言の漢字一字の音声系統 …………………… 182

山東方言声母の統一と分化

　山東方言は中国の北方方言の中でははっきりした特徴がある下位方言である。音声においては南方方言のような、北京音と大きな隔たりがある訳ではないが、声母にあっては特に明らかな地方色を示している。本稿は筆者自身が直接調査収集した資料を基礎に、先賢の研究に基づき、山東方言の声母の体系を総合的に分析していこうとするものである。先ず、山東方言における中古音の声母の分布と発音から見ていく。類別と実際の音から古今音の関連と区別を分析すると同時に、方言の声母と北京音の声母との対応関係、併せて両者の違いとその成立の原因を探りたい。さらに、山東方言声母の静態分析を進めたあと、動態的手法で児化音変による方言声母の形態変化を明確に分析し、山東方言の声母の様相を客観的に映し出そうとするものである。

1. 中古音声母と方言声母

1.1 知、荘、章3組声母の統一と分化

　中古音の知、荘、章3組の声母は現在の北京音ではほとんど合流され、舌尖後音 tʂ、tʂʻ、ʂ になったが、山東各地の方言ではさまざまな表れ方をしている。大別すると、合流と分化の2種類がある。つまり、地域によって1組の声母になったり、2組の声母になったりする違いがある。具体的な表れ方は次のとおりである。

1.1.1 合流の場合

　合流の場合において異なる2種類の声母に注意する必要がある。一種は北京音と同様に、舌尖後音の tʂ、tʂʻ、ʂ となり、もう一種は北京音と違って、舌尖前音の ts、tsʻ、s となった。その二つの状態はどれも山東を流れる大きな河と関係がある。袁家驊（1960）が指摘したように「川の流れは天然の壁であると同時に、天然の交通路でもあり、方言の分化を助長すると共に、同化をも促す。」

(筆者訳)。山東省を流れる大河が2本あり、1本は中国で二番目の大河の黄河で、もう1本は世界一の人工河の京杭大運河である。興味深いことに、それぞれの大河流域の方言は驚くほど共通点がある。中古音の知、荘、章3組の声母は黄河流域の大部分の地域では、舌尖後音のtʂ、tʂʻ、ʂとなる。済南、徳州、泰安、淄博、墾利などである。しかし、大運河流域の広い地域では、舌尖前音のts、tsʻ、sとなる。済寧、曲阜、東平、聊城などである。京杭大運河はずっと昔から重要な交通路であるので、山東省内の方言だけではなく、遠く離れた天津の方言とも共通点を持つことを明らかにする。これは山東方言が天津方言に影響を与えたか、もしくは天津方言が山東方言に影響を与えたのかもしれない。

1.1.2 分化の場合

分化の具体的状況は、山東の各地では大きく異なるが、2種類の声母に分かれる点では一致している。合流を分析する中で、声母のみを考え、韻母を考慮に入れなくても良いが、分化を分析する際には、韻母のことも考慮する必要がある。なぜなら、韻母の条件の違いが方言の声母を分ける重要な決め手となるからである。分化は2つの異なる基準に基づいて2種類に分類される。

1.1.2.1 現代音の韻母による分類

この種類では現代韻母の"開口"、"合口"の角度だけでも区別することができる。こいう特徴を持っている方言の地域はあまり広くなく、南部の棗荘、滕州地区に集中している。知、荘、章3組の字は韻母が現代音の開口呼である場合は、舌尖前音のts、tsʻ、sとなり、合口呼である場合は、唇歯音のpf、pfʻ、fとなる。下例を見よう。

開口呼類	声母
智 者 趙 站 真 争 張	ts
池 車 抄 産 陳 騁 昌	tsʻ
師 蛇 少 山 神 盛 商	s

合口呼類	声母
猪 爪 拽 専 荘 追 准	pf
出 揣 傳 窓 吹 唇 戳	pfʻ

輸 刷 帥 拴 霜 水 順　　　f

1.1.2.2　中古音による分類

　中古音の韻母と言えば、摂、呼、等、韻などの要素を含む音声構造である。これらの要素は、中古音の知、荘、章3組の声母が山東方言で声母を分化する重要な条件と根拠である。例えば"脂"と"織"、"抄"と"超"、"勺"と"韶"などそれぞれの違いは現代北京音によってはなかなか区別できず、中古音韻母のある細かい条件により分類の根拠を探さなければならない。

　知、荘、章3組の声母の合口呼韻母の字が山東方言では表れ方がほぼ一致している。即ち一通りの発音しかない。たとえば山東半島の東端にある文登方言では"朱、中、処、純、書、拴"などの漢字音は、皆舌尖後音声母の tʂ、tʂʻ、ʂ となるが、開口呼韻母の漢字音はつぎの例のようにＡ、Ｂ2種類の声母に分けられる。

　　　　　　Ａ　類　　　　　　　　声母
織　秩　折　招　周　展　貞　陣　　tʂ
馳　尺　車　撤　朝　抽　臭　懺　　tʂʻ
失　俊　舌　焼　収　善　神　　　　ʂ

　　　　　　Ｂ　類　　　　　　　　声母
脂　渣　闡　榨　摘　宅　罩　謫　　tɕ
匙　歯　挿　柴　産　衬　撑　　　　tɕʻ
虱　時　殺　篩　捎　腎　生　省　　ɕ

　文登方言では中古音の知、荘、章3組の声母の開口呼の字は、舌尖後音と舌面音の2種類に分けられ、その分化の条件としては次の2点があると考えられる。まず、"等"と関係がある。舌尖後音となったのはすべて三等の字で、舌面音となったのはほぼ二等の字である。次に、"摂"と関係がある。"止"摂が特別で、その摂の三等の字の大部分が舌面音となっている。

　このような分化現象は山東半島の中部、東部及び山東省の南西部に分布して

いる。分類から見れば、ほぼ2つの種類に分けられるが、実際には様ざまな表れかたをしている。主につぎの5種類が注目される。
 (1) A類字は舌尖後音声母のtʂ、tʂ'、ʂとなり、B類字は舌面音声母のtɕ、tɕ'、ɕとなる。例えば半島東部の文登、乳山など。
 (2) A類字は舌尖前音声母のts、ts'、sとなり、B類字は舌面音声母のtɕ、tɕ'、ɕとなる。例えば山東半島東北部の煙台、蓬莱、黄県、莱陽、栖霞など。
 (3) A類字は舌尖後音声母のtʂ、tʂ'、ʂとなり、B類字は舌葉音声母のtʃ、tʃ'、ʃとなる。例えば山東半島中東部の青島、潍坊、膠州と栄城など。
 (4) A類字は舌尖前音声母のts、ts'、sとなり、B類字は舌葉音声母のtʃ、tʃ'、ʃとなる。例えば山東半島中北部の莱西、招遠、威海など。
 (5) A類字は舌尖後音声母のtʂ、tʂ'、ʂとなり、B類字は舌尖前音声母のts、ts'、sとなる。例えば山東省南西部の菏澤、定陶など。

以上のさまざまな表れ方から分かるように、中古音の知、荘、章3組声母は現代の山東方言の内部でも異なっている。それは中古音の変化の仕方やその速さによってもたらされたものであろう。山東の多くの地域と北京音の発音の間には多くの違いが見出せる。つまり、そのすべてを舌尖前音のts、ts'、sで発音するのか、またはその一部分をts、ts'、sで発音するのか、2種類に分かれて、北京音の1つの種類と区別される。中国語の8大方言の現状をざっと見ると、南方の諸方言には一般に、舌尖後音声母のtʂ、tʂ'、ʂがほぼ存在しない。言い換えれば、中古音の知、荘、章3組の声母が南方方言では舌尖後音に変化せず、直接に舌尖前音ts、ts'、sとなり、精組の洪音と合流したのが多い。このような状況は大部分の北方方言地域でも見られる。もし、中国語の知、荘、章3組の声母が舌尖前音の方向へ変化していくという仮説が成立するならば、現代の山東方言の実際は、音声変遷の過程のもう一つの側面を映し出していると言えるのではないだろうか。

1.2　精組洪音の統一と分化

北京音において、中古音精組声母は韻母の"洪音"（開口呼と合口呼）と"細音"（斉歯呼と撮口呼）により、2種類に分かれている。精組の洪音は相変わらず、舌尖前音声母ts、ts'、sのままで、細音は舌面音声母のtɕ、tɕ'、ɕとなっ

た。山東方言において、精組洪音声母の変遷は北京音と必ずしも一致するとは言えず、さまざまな表れ方をしている。全体からみれば、統一と分化の2種があり、上述した知、荘、章3組の声母に似たあり方をしていると思われる。

1.2.1 統一の場合

統一というのは精組の洪音が1組の声母に統一されることである。しかし同じ統一の場合でも、中身の違いがある。山東方言の内部では、3つのタイプに分かれている。

(1) 北京音と同じく、ts、ts'、sとなる。山東省の広い地域に分布され、例えば済南、済寧、淄博、煙台など。(例を略す)

(2) 歯間音のtθ、tθ'、θとなる。山東半島の南東部の青島、膠州、中東部の寿光、安丘、および南部の日照、莒県など地域に分布されている。例えが膠州方言の「字ᵼtθꞏ」早ᵼtθɔ 走ᵼtθou 蚕ᵼtθ'a 財ᵼtθ'ɛ 村ᵼtθ'uɜ 糸ᵼθꞏ 賽θɛᵔ 酥ᵼθu」など。

(3) 北京音と違い、舌尖後音のtʂ、tʂ'、ʂとなる。山東省南西部の東明県の一部と半島中東部の莱西県、平度県の部分村鎮に見られる。これらの方言は、ほぼ舌尖前音声母のts、ts'、sは存在しないで、中古音知、荘、章3組と精組洪音を区別せず、すべて舌尖後音のtʂ、tʂ'、ʂとなっている。中国の方言では珍しい表れである。例えば莱西の武備、院上、姜山、夏格荘など郷鎮では「糟ᵼtʂɔ 字ᵼtʂꞏ 組ᵼtʂu 草ᵼtʂɔ 磁ᵼtʂꞏ 粗ᵼtʂu 三ᵼʂã 蘇ᵼʂu」のようだ。

1.2.2 分化の場合

山東方言における精組洪音声母は、基本的には現代音の開口と合口によって分化されている。同じく精組の洪音だが、開口と合口はそれぞれの組の声母になってしまう。具体的な様子は主につぎのとおりである。

(1) 舌尖前音のts、ts'、sと歯間音のtθ、tθ'、θに分かれている。具体的に言うなら、合口呼はts、ts'、sとなるが、開口呼はtθ、tθ'、θとなる。膠州湾地区にある青島、膠州、膠南など市、県)の方言がそうである。つぎの比較表をみよう。

例字＼地域	卒	尊	醋	從	孫	送	自	在	刺	菜	思	賽
膠州	⊆tsu	⊆tsuɔ̃	ts'u⊐	⊆ts'uŋ	⊆suɔ̃	suŋ⊐	tθɿ⊐	tθɛ⊐	tθ'ɿ⊐	tθ'ɛ⊐	⊆θɿ	θɛ⊐
北京	⊆tsu	⊆tsuən	ts'u⊐	⊆ts'uŋ	⊆suən	suŋ⊐	tsɿ⊐	tsai⊐	ts'ɿ⊐	ts'ai⊐	⊆sɿ	sai⊐

(2) 舌尖前音のts、ts'、sと舌面音のtɕ、tɕ'、ɕに分かれている。開口呼（自、在、走、刺、菜、思、賽など）はts、ts'、sとなるが、合口呼はtɕ、tɕ'、ɕとなる。この特徴を持つ方言は棗荘、滕州など山東省南部の地域に限られている。北京音と比較して見ると、棗荘、滕州、梁山方言の中では舌面音声母tɕ、tɕ'、ɕの字がかなり多く見える。例えば棗荘では：左⊆tɕye＝脚⊆tɕye　粽⊂tɕyŋ＝炯tɕyŋ⊂　从⊆tɕ'yŋ＝穷⊆tɕ'yŋ　搓⊆tɕye＝确⊆tɕye　俗⊆ɕy＝徐⊆ɕy　松⊆ɕyŋ＝兄⊆ɕyŋ。次の対照表も参照。

棗荘音声母	北京音声母	例　　　字
tɕ	ts	租卒族足祖組阻昨作左佐坐鑚尊遵樽宗棕踪鬃総粽縦嘴最罪酔
tɕ'	ts'	粗醋促蹴搓挫措錯銼氽篡村皴存寸聡囱葱從崔催摧翠脆瘁
ɕ	s	蘇虚素速訴塑簑梭唆索鎖鎖酸蒜算孫損笋猻松嵩聳宋送頌誦雖

1.3　日母の統一と分化

中古音の日母は北京音において舌尖後濁摩擦音ʐとなっているが、山東方言では北京音と違うあり方をし、また省内各地にもいろいろな区別がある。やはり統一の場合も分化の場合もある。

1.3.1　統一の場合

この種の特徴は、中古音の日母が1つの声母となったが、具体的な表れかたはつぎの4種がある。

　（1）北京音と同じく、すべてはʐとなる。この表現は主に山東省北部の徳州、利津、および南西部の菏澤地区の一部に分布している。例えば徳州方言

の「人⊂zɔ̃」、「如⊂ʐu」、「軟⊂ʐuã」、「栄⊂ʐuŋ」など。
(2) すべては舌尖前濁摩擦音のzとなる。こいう表現は主に山東省西部にある大運河沿岸の済寧、曲阜、金郷、単県、汶上、兗州、陽谷など広い地域に分布されている。例えば曲阜方言の「熱⊂zə」、「人⊂zɔ̃」、「讓zaŋ⊃」、「如⊂zu」、「弱⊂zuə」、「軟⊂zuã」、「栄⊂zuŋ」、「勇⊂zuŋ」、「潤zuɔ̃⊃」など。この地域の方言では、ほぼ舌尖後音声母のtʂ、tʂʻ、ʂが存在せず、中古音知、荘、章諸組の字がすべて舌尖前音のts、tsʻ、sとなったので、日母がzとなったのは理解しやすいであろう。
(3) l声母となる。この表現は主に淄博、広饒、寿光など山東省中東部の地域に限られる。例えば寿光方言の「肉⊂lɔ」、「人⊂lɔ̃」、「讓laŋ⊃」、「如lu⊃」、「弱⊂luə」、「軟⊂luã」、「栄⊂luŋ」など。
(4) 零声母（斉歯呼あるいは撮口呼）となる。こいう表現は山東半島北東部の牟平、文登、煙台及び半島南東部の青島、莱西、膠州など地域に分布されている。例えば莱西方言ではつぎの現れをしている。

熱iə⊃＝叶iə⊃　若yə⊃＝悦yə⊃　日i⊃＝意i⊃　邸⊂y＝雨⊂y
繞iɔ⊃＝要iɔ⊃　肉iou⊃＝又iou⊃　然iã⊃＝言⊂iã　讓iaŋ⊃＝様iaŋ⊃
潤yɔ̃⊃＝運yɔ̃⊃　栄yŋ≒勇⊂yŋ

これらの地域の方言では日母はほぼ影母、喩母と合流し、零声母になったので、他の地域より多く零声母の字がみられる。

1.3.2 分化の場合

一部の地域では、中古音日母は2つの声母に分れている。下の3種に注意する必要がある。

山東半島の南東部の青島、膠州から中部の淄博まで、山東南部の臨沂地区、棗荘、滕州および西部の菏澤、聊城、陽谷など広い範囲では、日母の止摂開口三等の字はl̩声母となる。例えば「耳　児　二　尓　餌」は膠州、淄博、棗荘、陽谷などでは例外なく[l̩ə]と発音される。

(1) ʐとlに分れる。済南、徳州、泰安、寿光、桓台などの方言では、日母は現代音韻母の開口、合口によりʐ、lに分れる。開口呼はʐ声母となり、合口呼は舌尖中辺音のlとなる。例えば済南方言の日ʐʅ⊃、人⊂ʐən、然⊂ʐan、肉ʐou⊃、讓ʐaŋ⊃。また、儒⊂lu＝魯、若luə⊃＝落、軟⊂luan＝卵、栄⊂

luŋ＝龍。

(2) zとvに分れる。この特徴を持っている方言は主に山東省南部の棗荘、滕州に集中している。現代音の開口、合口により2つの声母に分けられる。開口呼は舌尖前濁摩擦音声母のzとなり、合口呼は唇歯濁摩擦音声母のvとなる。例えば日⊂zʅ、人⊂zɹ̃、然⊂zã、肉 zoᓂ、譲 zaŋᓂと如⊂vu、若⊂vu、瑞 veᓂ、軟⊂van、栄⊂vəŋなど。

(3) ʐとvに分れる。この特徴を持っている方言は主に山東省南部の平邑県周辺地域に現れている。現代音の開口、合口により2つの声母に分けられる。開口呼は舌尖後濁摩擦音声母のʐとなり、合口呼は歯唇濁摩擦音声母のvとなる。例えば肉ʐouᓂ、人⊂ʐən、譲ʐəŋᓂと如⊂vu、弱⊂və、軟⊂van、栄⊂vəŋなど。

上述したように、中古音の日母は山東各地での表れ方はさまざまで、完全に北京音と同じのがほとんどないだろう。

1.4 精、見二組の細音の合流と分化

北京音において中古音精、見二組の細音字が併せて一組の声母、即ち舌面音 tɕ、tɕʻ、ɕとなっている。山東方言では、この2種の声母の発展の不均衡が明らかに現れている。合流されるものも、別々に分れるものもある。これは"尖団音"の区別をするか否かということである。

1.4.1 合流の場合

山東省内の半数以上の地域では北京音と同じく、精、見二組の細音字が区別されず、一組の声母に合流され、tɕ、tɕʻ、ɕと発音する。例えば済南、棗荘、済寧、泰安、徳州、淄博など山東省の中部、南部、北部及び西部の方言では、箭──剣 静──敬 斉──奇 全──権 小──暁 星──興、それぞれ前後の読み方が相同である。

1.4.2 分化の場合

山東半島の中東部地域及び山東南西部の部分地域では、精、見二組の細音字はそれぞれ独自の特徴を持ち、互いにはっきり分れている。その違いは地域によって大きく4種の表れかたをしている。

(1) ts、tsʻ、s と tɕ、tɕʻ、ɕに分れている。山東省南西部の菏澤、単県、南部

の臨沂、沂水、郯城及び半島南東部の青島、膠南など地域に広く分布されている。"尖音"は前者、"団音"は後者となる。これらの方言では、見組声母の細音がすでに洪音と区別されて、舌面音のtɕ、tɕʻ、ɕになっていたが、精組声母の細音が洪音と引き続き同じ声母（ts、tsʻ、s）を持ち、分れていないわけである。

(2) ts、tsʻ、sとc、cʻ、çに分れている。山東半島東部の文登、栄城、海陽、莱州に分布される。"尖音"は前者、"団音"は後者となる。これらの方言では、見組の細音と洪音とは分化されたが、精組においては細音と洪音とはまだ一致しているわけである。

(3) tɕ、tɕʻ、ɕとc、cʻ、çに分れている。山東半島最東端の煙台、牟平に分布されている。"尖音"は前者、"団音"は後者となる。これらの方言において、精、見二組とも細音、洪音がはっきり区別され、それぞれ"ts、tsʻ、s"、"tɕ、tɕʻ、ɕ"、"k、kʻ、x"、"c、cʻ、ç"となっている。

(4) tθ、tθʻ、θとtʃ、tʃʻ、ʃに分れている。主に日照、諸城に集中している。"尖音"は前者、"団音"は後者となる。これらの方言においても、精、見二組の洪音と細音がはっきり区別され、それぞれ"ts、tsʻ、s"、"tθ、tθʻ、θ"、"k、kʻ、x"と"tʃ、tʃʻ、ʃ"となっている。

以上、中古音知、荘、章、精、見などの組の声母の山東方言中での主な表れ方及び分布を分析した。見て分かるように、これらの表れ方は北京音と比べて、さまざまな違いがあり、音声変遷の地方的な特徴が充分に反映されるが、端組、幫組の変化はほぼ北京音と一致している。

2. 児化音変による方言声母への影響

上記の1節で、中古音声母の方言声母への変遷を通じて山東方言の特徴を静態的に分析した。本節では、児化音変の中、即ち動態的な環境中の声母の表れを考査したい。周知のように、北京音と大部分の方言で児化音変が韻母に影響を与え、舌尖を巻く動作に伴い、韻尾或いは主母音が変化する。が、山東方言では児化は韻母のみならず、声母にもいくつかの影響を与える。次に児化音変が声母にどんな変化をもたらすかを検討していきたい。

2.1 単子音から複合子音への変化

かつて筆者は山東南西部の金郷、魚台、単県及び半島南東部の莱西、膠州、黄島など方言の調査をしていた。これらの方言には、児化によって一部の声母が単子音から複合子音へ変化することが広く見られた。具体的なあり方は次の2種である。

2.1.1 本声母に閃音のrが付き

金郷、単県、城武、嘉祥など山東南西部の方言では、声母のp、p'、m、t、t'、n、tɕ、tɕ'、ɕ（計9つ）である音節が児化すると、本声母に閃音のrが付き、複合子音となる。

一般音節		児化した音節	
邊	₌piã	（靠）邊児	₌priar
皮	₌p'i	（臉）皮児	₌p'riɛr
面	miãᵓ	（白）面児	mriɛrᵓ
刀	₌tɔ	（小）刀児	₌trɔr
土	ᶜt'u	（提）土児	ᶜt'rur
捺	₌na	（一）捺児	₌nrar
駒	₌tɕy	（馬）駒児	₌tɕryer
旗	₌tɕ'i	（紙）旗児	₌tɕ'riɛr
席	₌ɕi	（涼）席児	₌ɕriɛr

膠州、莱西、黄島など方言では児化音変によって、閃音のrの付ける声母はt、t'、n、tɕ、tɕ'、ɕ、ts、ts'、s、tθ、tθ'、θ など12個ある。南西部の金郷などの方言と比べてみると、同じのも、異なるのもそれぞれ6つの声母がある。ここで、現地特有な部分だけを挙げて比較する。

一般音節		児化した音節	
卒	₌tsu	（小）卒児	₌tsrur
錢	₌ts'iã	（零）錢児	₌ts'rɛr
蘇	₌su	（小）蘇児	₌srur
棗	ᶜtθɔ	（小）棗児	ᶜtθrɔr
刺	tθ'ɿᵓ	（肉）刺児	tθ'rerᵓ

三　$_\subset\theta\bar{a}$　　　　　　　（初）三児　$_\subset\theta r\varepsilon r$

2.1.2　本声母の単子音から無関係な複合子音への変化

　このような例はかなり少なく、関連される音節も少ない。山東南西部の金郷、単県、城武、魚台などの方言では"子"という語尾を児化する場合、声母の「ts」は往々にして「tr」に変わる。

　　一般音節　　　　　　　　児化した音節
　（小）子　tsɿ･　　　　　（小小）子児　trər･
　（妮）子　tsɿ･　　　　　（小妮）子児　trər･
　（缸）子　tsɿ･　　　　　（茶缸）子児　trər･

北京音の影響を受けて、このような言い方は徐々に少なくなっている。しかし、農村部にいる中老年の口からたまに聞くことができる。

2.2　単子音の甲から単子音の乙への変化

　この種の変化は山東省内で次の4つの表れがある。

2.2.1　舌尖前音から舌尖後音への変化

　すでに第一節で述べているように、大運河流域の方言の単字音系統には舌尖後音 tʂ、tʂʻ、ʂ声母の音節がなく、中古知、荘、章諸組の字が精組洪音と統合して、舌尖前音の ts、tsʻ、s となる。但し、児化音変が起こるならば、その一部の方言には舌尖後音が現れる。つまり、知、荘、章3組だけではなく、精組洪音の字も舌尖後音 tʂ、tʂʻ、ʂ声母に変わる。単県、魚台、金郷、城武など方言の例を挙げて、一般音節の声母と児化音変した音節の声母との比較をしてみる。

　　一般音節　　　　　　　　児化した音節
　紙　$_\subset$tsɿ　　　　　　（白）紙児　$_\subset$tʂər
　字　tsɿ$^\supset$　　　　　　（写）字児　tʂər$^\supset$
　猪　$_\subset$tsu　　　　　　（小）猪児　$_\subset$tʂuər
　組　$_\subset$tsu　　　　　　（分）組児　$_\subset$tʂur
　車　$_\subset$tsʻə　　　　　（風）車児　$_\subset$tʂʻə
　葱　$_\subset$tsʻuŋ　　　　（小）葱児　$_\subset$tsʻuə̃r
　山　$_\subset$sā　　　　　　（土）山児　$_\subset$ʂɛr

絲　$_⊂$ sʅ　　　　　（姜）絲児　$_⊂$ ʂer
仁　$_⊂$ zə̃　　　　（杏）仁児　$_⊂$ ʐer

　また、児化音変は児化した音節だけではなく、ときどきその前の音節まで影響を与える。例えば"十三児"、"初五児"、"張荘児"では児化していない音節"十"、"初"、"張"なども舌尖後音声母を取って、それぞれの読み方は「$_⊂$ sʅ→$_⊂$ ʂʅ」「$_⊂$ ts'u→$_⊂$ tʂ'u」「$_⊂$ tsaŋ→$_⊂$ tʂaŋ」のようになる。

2.2.2 舌葉音から舌尖後音への変化

　膠州、黄島など方言の単字音系では、中古音知、荘、章3組の漢字音が舌尖後音声母 tʂ, tʂ', ʂ と舌葉音声母 tʃ, tʃ', ʃ の2つに分れている。しかし児化音変した場合、舌葉音声母は例外なくすべて舌尖後音声母になってしまう。

　一般音節　　　　　　児化した音節
　周　$_⊂$ tʃou　　　　（両）周児　$_⊂$ tʂour
　折　$^⊂$ tʃə　　　　　（打）折児　$^⊂$ tʂər
　車　$^⊂$ tʃ'ə　　　　（洋）車児　$^⊂$ tʂ'ər
　串　tʃ'uã$^⊃$　　　（羊肉）串児　tʂ'uɛr$^⊃$
　声　$_⊂$ ʃuŋ　　　　（出）声児　$_⊂$ ʂuə̃r
　神　$_⊂$ ʃə̃　　　　　（走）神児　$_⊂$ ʂer

2.2.3 舌面中音から舌尖後音への変化

　膠州、高密、昌楽、黄島など方言の単字音系では舌尖中濁邊音声母 [l] の付く音節が児化したら、[l] 声母は舌尖後濁邊音 [ɭ] になってしまう。

　一般音節　　　　　　児化した音節
　楼　$_⊂$ lou　　　　（土）楼児　$_⊂$ ɭour
　劉　$_⊂$ liou　　　（小）劉児　$_⊂$ ɭour
　李　$^⊂$ li　　　　（小）李児　$^⊂$ ɭər
　料　liɔ$^⊃$　　　　（布）料児　ɭɔr$^⊃$
　驢　$_⊂$ ly　　　　（毛）驢児　$_⊂$ ɭuer

2.2.4 零声母から子音声母への変化

　膠州、高密、昌楽、黄島など方言では一般的に、零声母斉歯呼あるいは撮口呼の音節が児化されると、零声母は舌尖後音の [ʐ] 声母になってしまう。同時に、韻母の面では、それぞれ開口呼、合口呼と変わる。

一般音節		児化した音節		
芽	ᶜia	(豆)	芽児	ᶜzar
印	iɔ̃ᵓ	(手)	印児	zərᵓ
瓢	ᶜiaŋ	(瓜)	瓢児	ᶜzã
雨	ᶜy	(小)	雨児	ᶜzur/ᶜzuər
園	ᶜyã	(花)	園児	ᶜzuɛr

　児化によって声母はさまざまな変化を起こすことは明らかである。上に挙げたように [p、p'、t、t'……] から [pr、pr'、tr、tr'……] へ、[ts、ts'、s] あるいは [tʃ、tʃ'、ʃ] から [tʂ、tʂ'、ʂ] へ、また [l] から [ḷ] への変化はすべて巻舌の動作がもたらしたもので、巻舌化による同化現象と見られる。静態的な方言に表れない声母が動態的な方言には現れるということである。

〈参考文献〉

1. 袁家驊『漢語方言概要』1983年　文字改革出版社
2. 銭曾怡『煙台方言報告』1982年　斉魯書社
3. 銭曾怡主編『山東人学習普通話指南』1988年　山東大学出版社
4. 銭曾怡主編　羅福騰著『牟平方言志』1992年　中国語文出版社
5. 銭曾怡主編　張察B著『寿光方言志』1995年　中国語文出版社
6. 銭曾怡主編　張鶴泉著『聊城方言志』1995年　中国語文出版社
7. 黄伯栄主編『普通話語音教程』1989年　青島出版社
8. 王希文編著『棗荘方言的語音系統』山東言語学会『語言学通訊』1982年第5期
9. 莱西県志編纂委員会編『莱西県志』（方言篇）1989年　山東人民出版社
10. 膠州市志編纂委員会編『膠州市志』（方言篇）1992年　新華出版社
11. 黄島区志編纂委員会編『黄島区志』（方言篇）1995年　斉魯書社
12. 金郷県志編纂委員会編『金郷県志』（方言篇）1996年　三聯出版社
13. 単県志編纂委員会編『単県志』（方言篇）1996年　山東人民出版社

山東方言声調の構造

　山東方言は北方官話方言の重要な構成要素である。李栄先生は中古音入声の変遷、分布状況から山東方言を3つの区に分ける。山東半島中部以東地域の方言は膠遼官話区に含まれ、内陸地域及び半島中部以西地域及び内陸中部、北部地域は冀魯官話区に属し、内陸南西部地域は中原官話に属する。これは、方言研究における声調研究の重要性をよく示している。本文では、これまで行われた調査研究を基礎に、膠遼官話、冀魯官話を含む主に40の調査地点（『山東省志・方言志』（p.108～111）に収録した36地点と筆者の調査した4地点）における方言声調を比較分析し、山東方言声調の種類（調類）と型（調型）の実態について全般的に把握し、山東方言における声調の発展変化の規則性について理論的で詳細な検討を加える。

1. 山東方言声調の種類（調類）

1.1 調類の構造類型

　山東各地の方言における一字音の調類をまとめると、下に示す5種類型となる。
① 四声類a：陰平　陽平　上声　去声　　　　　（済南、済寧、牟平等）
② 四声類b：　　　平声　上声　去声　入声　　（章丘）
③ 三声類a：　　　平声　上声　去声　　　　　（煙台、海陽等）
④ 三声類b：陰平　陽平　上声　　　　　　　　（青島、平度等）
⑤ 五声類　：陰平　陽平　上声　去声　入声　　（利津）

　山東方言における声調種類上のすべての特徴はこの5種類にまとめられる。第①種（四声類a）は40の方言調査地点の30地点にみられ、全体の75％を占める。第③種（三声類a）は6点、15％を占める。第④類（三声類b）は2地点、5％を占める。第②類（四声類b）と第⑤類（五声類）はどちらも1地点のみで、それぞれ2.5％である。明らかに、四声類aは山東方言調類の中心的構造

類型であり、それは官話地域における多くの方言と一致している。次に利津、章丘両地域の方言に入声調類が残っていること（中古音声母入声文字が独自の調類を形成）は山東方言声調が統一性を保ちながら変遷してきたのではなかったことを反映している。ほかに、山東方言で三声類（③④両類を含む）の占める比重が大きい（20%）ことも、その他の方言にはあまり見られない特徴である。これは声調における「最先端の変化」現象とみることができるか、さらに検討を加えていく必要がある。

下図より山東方言における5種の調類構造の分布状況が分かる。

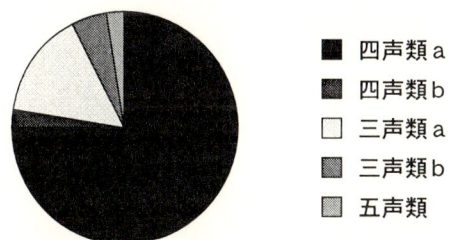

1.2 調類の変遷動向

声調の変遷は声母、韻母と同様に漸進的である。中国語の調類はどう発展するのか、増加していくのか、減少していくのか。なかなか結論は出せないが、一点だけは誰もが認めている。すなわち、声調の変遷は決して単独では進まず、声母、韻母と密接な関係があるという点である。ここ数年間で、広州方言に新しい調類が一種分化したために、中国語の声調は増える傾向にあるのではないかとの予言がある。しかし山東方言の実状は反対に簡略化の傾向にある。山東方言における40の調査地点のうち、8地点で3つの調類しかなかった。このよう状況は膠遼官話区にも、冀魯官話区にもみられた。

1.2.1 四声類から三声類への変遷の例

我々は独断的に、中国語の方言の声調はほとんど4種から3種の調類へ変遷していくだろうと推測することはできないが、興味深いことに山東省のいくつかの地域ではこのような現象がみられる。それもわずか数十年の間に、青島方言では調類が4種から3種に変化している。50年代末、銭曾怡は青島方言について最初の調査研究を行い、1959年発表した『膠東方言概説』（『山東大学学

報』1959年第4期) でその方言の声調問題について全面的な分析を行った。のちに、『山東人学習普通話指南』(銭曾怡主編1988) と『普通話語音教程』(黄伯栄主編1989) でも銭氏の50年代の結論を引用している。前者 (p.26) は青島方言の声調について次のような説明を加えている。

  声調：4種類

  陰平　214　　　衣　烏　天　光

  陽平　53　　　同　裙　娘　流　白　局　合　族

  上声　55　　　海　島　五　米　黒　節　鉄　冊

  去声　31　　　兎　去　問　波　坐　近　六　入　麦　律

また、姜宝昌 (1982) は『青島音系概論』(『語言学通訊』総5期) で、青島方言の声調は4種で、陰平213、陽平42、上声55、去声31 であると指摘しているが、銭氏と調類、調値とも完全に一致している。

しかし、1995年出版された『山東省志・方言志』(p.111～118) に掲載してある李行傑の青島方言声調調査の最新結果には、銭、姜両氏と大きな違いがある。李の結論は次のようにまとめることができる。

  声調：3種類

  平声　213　　　開

  上声　55　　　走　老　発　筆　接

  去声　42　　　人　文　才　是　父　対　用　麦　六　白　的

銭、姜、李の異なった時期の調査結果から青島方言における声調の発展変化の状況が分かる。以前は一つの独立していた調類であった陽平が、今日では失われ、去声に合流したため、4種の調類が3種となった。わずか数十年でこのような驚くべき変化が生じた。50年代、あるいはもっと早い時期に青島方言において陽平が去声へ (または去声が陽平へ) 変化していく兆候が見られ、80年代になってこの変化がよりはっきりと現れるようになったと考えられる。(青島方言の調類を陰平、陽平、上声3種類とするのが一般的である。)

ほかに、海陽方言にもこの傾向が見られる。60年代初めの調査では、陰平、陽平、上声、去声の4種の調類があったが、今日では、平声、上声、去声の3種になっている。

1.2.2　五声類から四声類への変遷の例

　章丘方言には何種の調類があるか。4種か5種か。見解は分かれる。一冊の本の中でさえ一致していないこともある。たとえば、『山東省志・方言志』(p.7) には、「中済地域の章丘、利津など少数の県市では、清音声母入声文字が一つの調類となり、5種の声調がある」と指摘してある。しかし＜36点声調表（一）＞ (p.108～109) と＜36点声調表（二）＞ (p.110～111) には4種しか示されていない。それらは、次のようにまとめることができる。

調類	調値	例字
平声	213	開
上声	55	人　文　才　走　老　発　白　敵
去声	21	是　父　対　用　帽　大　樹　麦　六
入声	445	筆　接

　第5の調類は現れていない。消失したのか。方言の実際からは、変化してほかの調類と合流したという回答が得られる。筆者は1985年（李清民と）章丘方言を調査した際、当方言の陽平調類が上声へと変化した痕跡を発見した。例えば次の2組の文字について、

　　a) 時　題　図　渠　移　囲　棉　霊
　　b) 使　体　堵　挙　椅　委　等　整

我々は、王敬禄というインフォーマント（男、当時42才、章丘明水弁だけ話せる）に繰り返し発音するように依頼した。王の発音は時によって異なり、a=b（ともに調値は55）の場合と、a≠b（前者の調値がわずかに下がり54、後者は55）の場合があった。しかし、発音者本人は違いをほとんど意識していなかった。80年代中期には章丘方言の陽平は基本的に上声へと変化していたが、当時の中年層の発音にはまだ、変化の痕跡が見られたことが分かる。早期の章丘方言の声調は『山東省志・方言志』（概要）の記述のように、陰平 (213)、陽平 (54)、上声 (55)、去声 (21)、入声 (445) の5種の調類があったが、近年になり陽平がますます上声に近づき、最終的に包含されてしまったので、「36点調査表」に示す4種となったと考えられる。また、我々は章丘方言の清音声母入声文字が変動期にあり、上声に近づきつつあることも発見した。しばらくすると、当方言の声調は現在の4種から3種となる可能性があると考えられる。

中国語官話方言の声調の調類が今後どう変遷していくかは予測し難いが、山東方言の実状から見れば、調類の簡略化傾向は軽視できないと言える。もちろん、他の方言に見られるもともとの3種が4種の調類に変化している状況も考慮しなければならない。最近の調査では、膠遼官話に属する大連方言では中古音の陽平が現方言の上声の調類から分離し、別の調類を作る傾向が見られる。これはここ数十年間国家が共通語（普通話）を広めた結果であろう。

2．山東方言の声調の型（調型）

40の方言調査地点における声調の比較分析を通して、山東方言のそれぞれの調類における主流調型と特殊な調型の概要を把握し、さらに調型間の違いと関連について明らかにする。

2.1 陰平の調型

山東各地の方言はすべて陰平（平声を含む）を持ち、基本的な調型には次の4種がある。

　①降昇型：調値は、212、213、214、324、323の5種
　②下降型：調値は、42、31、53の3種
　③上昇型：調値は、13の1種
　④平昇型：調値は、113の1種

40の調査点中、第①種（降昇型）は33地点で、82.5％を占め、山東の大部分地域に分布する。第②種（下降型）は栄成、煙台、牟平、海陽の4ヶ所で、10％を占め、山東半島最東端の沿海地域に集中している。第③種（上昇型）は山東省北西部の祖廓と陽谷の2ヶ所で、5％である。第④種（平昇型）は、山東南西部の河南省と境界にある東明のみで、わずか2.5％である。

山東方言の陰平類の主流調型は降昇型であることが分かる。上昇型と平昇型は、主流調型と密接な関係があり、主流調型の発展、変遷過程における2つの重要なポイントを示している。将来山東方言における陰平の主流調型の変遷は次の経過をたどるであろう。

　　　降昇型（213等）→平昇型（113）→上昇型（13）

ここ数年山東方言を調査した結果には、陰平の主流調型である降昇調の調値、調型はますます曖昧になっているという記述が見られることから、上述の調型の変遷状況については一般的にも認識されていると言える。この変遷については次の2つの側面から実証できる。まず、発音する人間の年齢層と関係があり、高齢者の発音は降昇型がはっきりしているが、中青年層の発音では平昇型や上昇型に近づいている。また、発音の速度とも関係し、同一人物でも速く発音するときとゆっくり発音するときでは異なることがある。ゆっくり発音するときは降昇型がはっきりするが、速いときは上昇型に近づく。ほかには、降昇型の構造上の特徴とも関係がある。降昇型の前半は下降し（21）、後半は上昇する（13）。この煩わしさを避けるために、本来の発音を基本にしながら、最初の下降をフラットにすることで後半を上昇させやすくできる。つまり、降昇型から平昇型を経た上昇型への移行が山東方言の陰平調型発展の流れと考えられる。

　下降型は、陰平調類の特殊な調型であるが、それはよく膠遼官話固有の特徴を留めている。しかし、山東省内における膠遼官話区の大部分方言では下降型は見られない。それらは隣接する冀魯官話の影響を受け、大きな変化が生じて、冀魯官話の陰平調型に近づいた。

2.2　陽平の調型

　40の調査地点に、35地点で陽平調類があり、5地点ではなかった。（1.1を参照）陽平調類のある35方言点での調型、調値には違いがあったが、基本調型は次の3類型に分けることができる。

　　①高降型：調値は、42、43、53、54、52の5種
　　②高平型：調値は、55の1種
　　③昇降型：調値は、354の1種

第①種（高降型）は30地点、約91％を占め、広く山東各地に分布する。第②類（高平型）は3地点、約9％で、山東、江蘇両省の境界にある棗荘、郯城及び半島最東端の蓬莱に分布する。これは、棗荘、郯城両地方の方言の陽平調型が蘇北方言の影響を受けたためである。徐州方言の陽平の調値は55で（李申1986）、棗荘などと完全に一致している。第③種（昇降型）は非常に稀で、これまで栄成1ヶ所しか見られなかった。

山東方言の陽平調類の主流調型は高降型で、高平型と昇降型は特殊な調型であることが分かる。この特殊な2種の調型は山東半島最東端の沿海地区に見られるのは偶然ではなく、また、それは山東内の膠遼官話の調値の変化を考えるための手がかりとなる。山東半島東側の海岸線を東南から西北へ移動していくと、この地域の陽平の調型に興味深い現象が見られるのが分かる。

　　　東南部（栄成）　　中部（牟平）　　西北部（蓬莱）
　　　　昇降型　　　　　下降型　　　　　高平型
　　　　 354　　　　　　 54　　　　　　　55

　筆者は、この地域の陽平調値の変化は、次のように東南部の形から西北部の形へ進む可能性が大きいと考える。

　　　　昇降型（354）→下降型（54）→高平型（55）

2.3　上声の調型

　山東各地の方言にはすべて上声があり、調型には次の3種類がある。
　①高平型：調値は、55、44の2種
　②降昇型：調値は、213、214の2種
　③上昇型：調値は、24の1種

　第①種（高平型）は、山東方言の上声の主流調型である。40の調査地点中33地点で見られ、約83％を占める。第②種（降昇型）は5地点、約12％で、山東半島最東端の沿海地域で多く見られる。この調型には膠遼官話の上声に固有の特徴が見られる。第③種（上昇型）は2地点のみ、5％で、山東、江蘇両省の境界の棗荘、郯城で見られ、蘇北方言の影響を受けているのが分かる。徐州方言の上声の調値も35で、これらの地域の上声調値とは完全に一致する。

2.4　去声の調型

　40の調査点の中で、3ヶ所だけ（青島、莱州、平度）に去声の調類がない。その他の37の調査点における去声の調型は次の6種の基本類型に分けられ、他の3つの調類より複雑である。
　①低降型：調値は、21、31、41、42の4種
　②降昇型：調値は、312、313、412の3種

③高平型：調値は、55、44、33 の 3 種
④平降型：調値は、443 の 1 種
⑤昇降型：調値は、131 の 1 種
⑥降平型：調値は、433 の 1 種

　第①種（低降型）はもっとも広く分布し、38調査点中、21地点、55％を占める。西部地区、半島最東端の沿海地区を除いた山東各地に低降調型は分布し、山東方言の去声の主流調型と言える。次は第②種（降昇型）で、12地点、約32％を占める。主に、山東西部、南西部地区の済寧、金郷、単県、聊城、及び膠州湾周辺地域の膠州、黄島などに分布する。

　ここで指摘しておかなければいけないのが、上述の12地点に見られる降昇型が低降型へ移行しているという点（312、313、412→31、41）である。降昇型は今後さらに主流調の低降型へ移行し、最終的に低降型へ変化し、降昇型のこの変化は50年から100年のうちに完了すると考えられる。山東西部方言の去声調型については、この変化はすでに明確となり、流れを止めることはできなくなっている。これは次の2つの側面から判断できる。第一に、「老派方言」と「新派方言」の格差が、次第に大きくなっている。「老派方言」では基本的に降昇型を保持しているが、「新派方言」では、降昇型から完全に抜けきっているとは言えないが、すでにかなり低降型へ接近している。第二に、同一人物の発音でも時によって違いが見られる。特に上昇部分はたいへん曖昧で、すぐに識別できない気がする。

　その他の4つの調型（高平、平昇、昇降、降平）は、それぞれ1地点で、半島東端沿海地域の煙台、栄成、牟平、海陽に分布する。海陽と蓬莱間に直線（A）、海陽と栄成間に直線（B）、蓬莱と栄成間に直線（C）を引くと、下の図のように、この地域には三角形ができる。

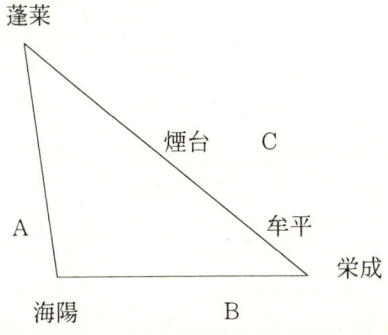

三つの角で去声の調型は共通に下降の成分を持っている。AC角（蓬莱）は純粋な高降型（52）で、AB角（海陽）は降平型（433）で、BC角（栄成）は平降型（443）であり、この地区の方言の去声調型が降調型へ発展していく可能性が高いことが分かる。三辺の状況を見ると、B辺の両端の調値がもっとも接近しており、分化が比較的遅かったのが分かる。C辺上の4地点は複雑で、純粋な高降型と高平型のほか、平降混合型及び昇降混合型が存在し、この地区の去声の調型はまだゆっくりとした変化の段階にあることが分かる。本来の膠遼官話における去声の調型はどうであったのかは確定しにくい問題である。また、それがどういう方向へと変化していくのかについては、2つの可能性があると考えられる。つまり、煙台のような平調か、蓬莱のような降調かであろう。筆者は後者の可能性の方が高いと考える。山東方言の去声調類の主流調型は下降型で、この主流調型が山東各地に広がり、西部方言の降昇調型を同化させているだけではなく、東部の伝統的な膠遼官話の声調にも大きく影響し、浸透しているからである。この強力な外部からの圧力は三角形区域内の方言の去声調型を変化させる大きな要因となろう。

当然ながら、方言における調型の変化は、方言の持つ声調系統の全体的構造を整える必要や、音の違いをはっきりさせるという基本原則に基づいて進められる。一つの方言の中にすでに1つ或いは2つの同じか或いは似た調型がある場合に、その他の調類から似た調型が変化形成させるということは考えにくい。それは音声の識別を困難にするだけだからである。

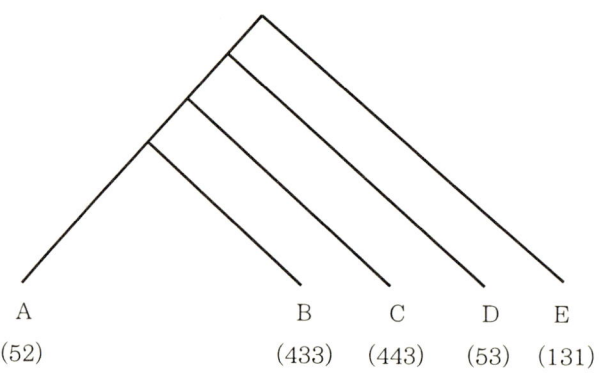

3. 山東方言の調類と調型の関係

山東方言の声調の調類と調型の形を合わせてみれば、大抵「曲―平―降」、「降―曲―平」、「降―曲―降」、「曲―降―降」、「曲―昇―降」、「曲―降―平―降」、「曲―降―平―曲」、「曲―平―昇―降」、「曲―降―昇―降」、「曲―平―曲―降」、「曲―平―曲―昇」、「降―昇―曲―平」、「降―降―曲―曲」、「曲―降―平―降―平」など十数組のタイプがある。その中の代表的なタイプを図示する。

3.1 山東方言の声調の主流調類調型図

これまでの1、2の分析を通して、山東方言における声調の主流調類と調型の基本的参考値が明らかとなった。

 1)調類：　四声a（75%）
 2)調型：
   陰平：降昇型（82.5%） 陽平：高降型（91%）
   上声：高平型（83%）   去声：低降型（55%）

これらの条件に基づいて現山東方言の主流調類調型図を「図1」のように描くことができる。

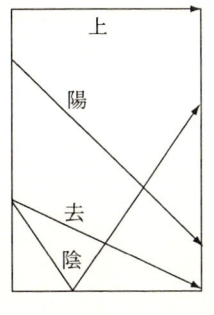

陰平：213
陽平：42
上声：55
去声：21

図1

陰平の主流調型が降昇型から上昇型へと変化しつつある点などから、近い将来の山東方言の主流調類調型図を（図2）のように描くことができる。

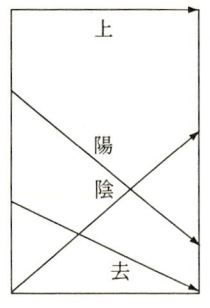

陰平：13
陽平：42
上声：55
去声：21

図2

3.2 四声類の基本調類調型図

代表的な形式について、西区では、主に2大類と2小類がある。2大類は「曲―降―平―降」の済南形と「曲―降―平―曲」の済寧形で、3小類は「曲―平―昇―降」の棗荘形、「曲―降―昇―降」の滕州形と「曲―平―降―平」の章丘形である。東区では比較的複雑で、代表的なものは1種類しかなく、「曲―平―曲―降」の蓬莱系である。他はばらばらである。

3.2.1 済南形と済寧形（2大類）

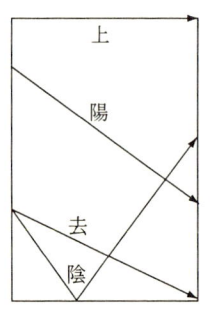

陰平：曲調、213、214を含む
陽平：降調、42、53を含む
上声：平調、55、44を含む
去声：降調、21、31を含む

図3（済南形）

この「曲―降―平―降」種のタイプは山東方言でもっとも代表的な形式である。済南、濰坊、諸城、寿光、膠南、高密、青州、徳州、濱州、沂南、新泰等山東中部、中東部、北部、北西部、中南部などに広く分布している。

山東方言声調の構造　29

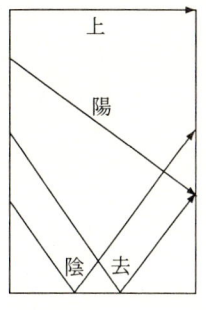

陰平：曲調、213、212、313を含む
陽平：降調、42、53、52を含む
上声：平調、55、44を含む
去声：曲調、312、313、412、413を含む

図4（済寧形）

　この「曲―降―平―曲」種のタイプは済南形の次に代表性を強く持つ形式である。主に山東省南西部の曲阜、金郷、梁山、鄒城、平陰、臨沂、菏澤、西北部の聊城、陽谷、武城等伝統的な魯方言の声調を代表される。

3.2.2　棗荘形、滕州形、蓬莱形、章丘形（4小類）

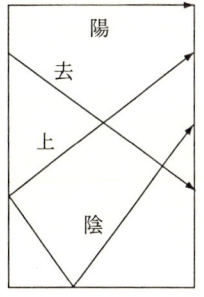

陰平：曲調、213、212、313を含む
陽平：平調、55、44を含む
上声：昇調、24、35を含む
去声：降調、42、53、51を含む

図5（棗荘形）

　この「曲―平―昇―降」種のタイプは山東南部の棗荘市内及び近辺のいくつかの区県に限られる。

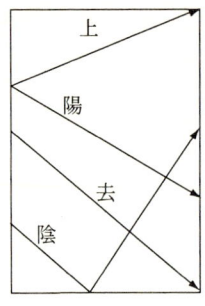

陰平：曲調、213
陽平：降調、42、54を含む
上声：昇調、45、35を含む
去声：降調、31、41を含む

図6（滕州形）

この「曲―平―曲―降」種のタイプは山東南部の滕州と微山2市、県に限られる。

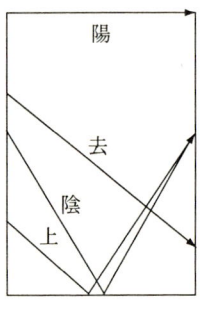

陰平：曲調、313
陽平：平調、55。
上声：曲調、213、214を含む
去声：降調、42、53を含む

図7（蓬莱形）

この「曲―平―曲―降」種のタイプは山東半島最東端の蓬莱、長島と龍口に分布している。

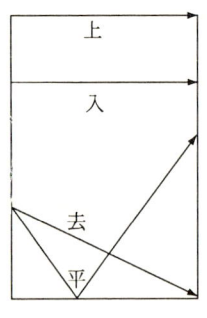

平声：曲調、213
上声：平声、55、45を含む。
去声：降調、21、31を含む。
入声：平調、44、33を含む。

図8（章丘形）

平声、上声、去声、入声が揃い、「曲―平―降―平」というタイプ調型をもつものは山東方言でも少なく、山東省中部地域の章丘、桓台、鄒平しか分布していない。

3.3 三調類の基本調類調型図

三調類を持つ方言は山東方言の中でほとんど東区にある。そのうち、代表的なタイプには「曲―平―降」の青島形（図9）、「降―曲―平」の煙台形（図10）2種がある。

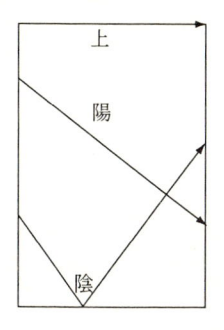

陰平：曲調、213、214を含む
陽平：降調、42、53、31、21、41を含む
上声：平調、55

図9（青島形）

この「曲―平―降」種のタイプは山東半島東部の青島、莱州、即墨、平度等に分布している。（「山東省109地点方言声調一覧」を参照）

同じく「曲―平―降」タイプの調型を持って、調類の面でやや異なる（平声、上声、去声）地方もある。例えば半島東部の莱西、招遠、及び山東中部の博山、莱蕪等。

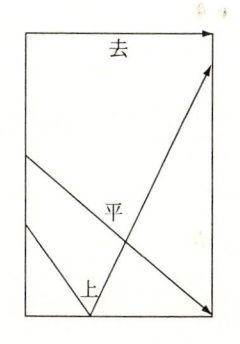

平声：降調、31、52、53を含む
上声：曲調、214、213、314、312を含む
去声：平調、55、44を含む

図10（煙台形）

この「降―曲―平」種のタイプは山東半島東部沿海地域の煙台、乳山、福山、威海、棲霞等地に分布されている。

3.4　五調類の基本調類調型図

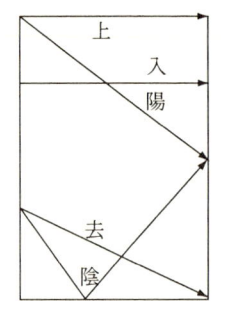

陰平：曲調、213

陽平：降調、53

上声：平調、55

去声：降調、21

入声：平調、44

図11（利津形）

この「曲―降―平―降―平」種のタイプはたいへん珍しく、いままでの調査と研究によって、山東省北部の利津1地にしか限られない。

3.5　特殊的調型の例

上述した主流調型と異なり、一般性がなく、ある一地域にしか限られない、はっきりとした特徴をもつ調型である。

3.5.1　四調類の特殊例

四調類では、東区沿海部地域方言の表現が複雑で、「降―平―曲―昇」、「降―昇―曲―平」、「降―降―曲―平」、「曲―降―昇―降」4タイプが挙げられる。

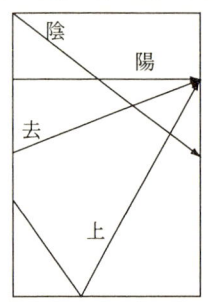

陰平：降調、53

陽平：平調、44

上声：曲調、214

去声：昇調、34

図12（文登形）

このタイプは文登に限られる。

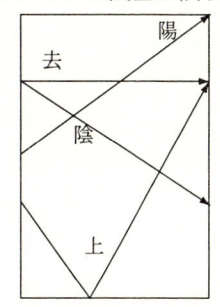

陰平：降調、42
陽平：昇調、35
上声：曲調、214
去声：平調、44

図13（栄成形）

このタイプは栄成に限られる。

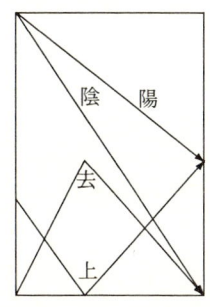

陰平：降調、51
陽平：降調、53
上声：曲調、213
去声：曲調、131

図14（牟平形）

この「降―降―曲―曲」タイプは牟平に限られる。

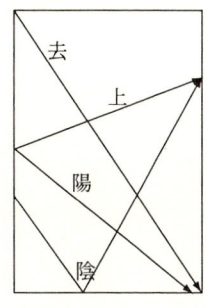

陰平：曲調、214
陽平：降調、31
上声：昇調、34
去声：降調、51

図15（莱陽形）

この「曲―降―昇―降」タイプは莱陽に限られる。

3.5.2　三調類の特殊例

三声類の代表タイプは青島形の「曲―平―降」と煙台形の「降―曲―平」で

ある。そのほかに、「降―曲―降」と「曲―降―降」のタイプもある。

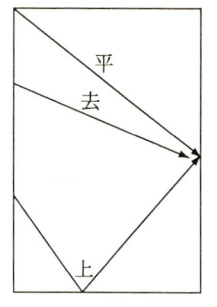

平声：降調、53
上声：曲調、213
去声：降調、43

図16（海陽形）

この「降―曲―降」タイプは東区沿海部の海陽に限られる。

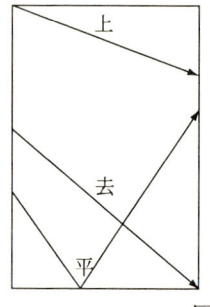

平声：曲調、213
上声：降調、54
去声：降調、31

図17（博興形）

この「曲―降―降」タイプは博興に限られる。

以上の調類調型図から山東方言における声調調型の基本的特徴が分かる。

①すべてに降昇調型があるが、降昇型が表す調類に違いがある。地域によって、陰平、或いは平声を表すものも（図3、5、6、8、9、11、15、17）、上声を表すものも（図10、12、13、14、16）ある。2つの降昇調型を持つ方言では、地域によって、それぞれ陰平と去声を表すもの（図4）と、陰平と上声を表すもの（図7）がある。

②それぞれの方言に降調型があり、多くの場合に陽平を表す（図3、4、6、9）が、半島東端の沿海地域では、陰平および平声を表すものも（図10、12、13、）、去声を表すものも（図5、7、8）ある。2つの降調型を持つ方言では、高降型は陽平を表し、低降型は去声を表すこと（図3、6、11）が多いが、高降型が去

声を表し、低降型は陽平を表すものも（図15）、高降型が平声を表し、低降型は去声を表すものも（図16）、高降型が上声を表し、低降型は去声を表すものも（図17）ある。また、起点が同じで、終点が違う降調型もある（図14）。

③多くの地域に平調型がある。高平型はほとんど上声を表す（図3、4、5、7、8、9）が、ごく少数地域では、陽平（図5、7、12）、去声（図10、13）を表すこともある。2つの平調型を持つ方言では、高い平調は上声、低い平調は入声を表す（図8、11）。また、平調型を持たない方言もあり（図6、14、15、16、17）、主に山東半島東部沿海の少数地域に集中している。

④大部分の方言には上昇調型がないのは山東方言のもう一つの特徴である。上昇型を持つ方言は南部にある少数の辺境地域、および東部沿海少数地域にしか限られない（図5、6、13、15）。

4. 調類と調高

声調は音節の高さを示すものである。趙元任氏が創立した「5度表記法」は声調の高さを高い、やや高い、中、やや低い、低いなど5段階に分けた。これを参考にして、次の比較表をみると、山東方言の内部でも、地域方言が異なれば、それぞれの調類の（高さ）位置が異なることも分かる。

4.1　三調類の調高

	青島	平度	無棣	博山	煙台	福山	海陽	棲霞
高調区	上声	上声	上声	上声	去声	去声	平声	平声
中調区	陽平	陽平	去声	去声	上声	上声	去声	去声
低調区	陰平	陰平	平声	平声	平声	平声	上声	上声

上表を見て分かるように、三調類の調高は大きく3つのタイプに分かれる。山東方言の東濰小区（青島、平度）及び西斉小区（無棣、博山）の三調類は、ほとんど上声は高調区、陰平及び平声は低調区、他の声調は中調区にある。東莱小区の三調類は、2つのタイプに分けられ、煙台、福山では、去声は高調区、上声は中調区、平声は低調区にあり、海陽、棲霞では、平声は高調区、去声は中

調区、上声は低調区にある。その他のタイプもあるが、ここでは列挙しない。

4.2　四、五調類の調高

	済南	済寧	青州	膠州	章丘	利津	文登	牟平	栄成	蓬莱
高調区	上声	上声	上声	上声	上声	陽平 上声	陰平	陰平 陽平	陽平	陽平
中調区	陽平	陽平	陽平	陽平	入声	入声	陽平		去声	去声
低調区	陰平 去声	陰平 去声	陰平 去声	陰平 去声	平声 去声	陰平 去声	上声 去声	上声 去声	陰平 上声	陰平 上声

　西区方言（済南、済寧、章丘、利津）及び東区の東濰小区（膠州、青州）の四調類及び五調類の調高は、声調の図上において統一性が見られる。つまり上声（五調類の場合は上声と陽平）は高調区、陰平（平声を含む）と去声は低調区にある。陽平（入声がある方言では入声）は中調区にある。東区の東萊小区（文登、牟平、栄成、蓬莱）では、陽平はいずれも高調区、上声は低調区にあるという統一性が見られる。

　以上の分析から山東方言の概括的な特色を見ることができる。調類、調型の問題、特に今後の変遷の方向については、さらに内部構造の整理、外部からの影響、声母、韻母のつながりなどの面から考察を加えていかなければいけない。

〈参考文献〉

1. 山東省地方志編纂委員会『山東省志・方言志』　1995　山東人民出版社
2. 銭曾礫『煙台方言報告』　1982　斉魯書社
3. 銭曾礫『博山方言研究』　1993　社会科学文献出版社
4. 銭曾礫主編『山東人学習普通話指南』　1988　山東大学出版社
5. 黄伯栄主編『普通話語音教程』　1989　青島出版社
6. 李申『徐州方言志』　1985　語文出版社
7. 羅福騰『牟平方言志』　1992　語文出版社
8. 山東語言学会編『語言学通訊』（総5期）　1982

9. 萊西県志編纂委員会『萊西県志』(方言篇) 1989 山東人民出版社
10. 膠州市志編纂委員会『膠州市志』(方言篇) 1992 新華出版社
11. 黄島区志編纂委員会『黄島区志』(第7篇) 1995 斉魯書社
12. 金郷県志編纂委員会『金郷県志』(第21編) 1996 三聯書店
13. 銭曾怡主編 張樹錚・羅福騰副主編『山東方言研究』 2001年 斉魯書社

付1. 山東省36地点声調比較表（一）

	開	人	文	才	走	老	是	父	対	用
普通話	⊂55	⊂35	⊂35	⊂35	⊂214	⊂214	51⊃	51⊃	51⊃	51⊃
栄成	⊂42	⊂42	⊂354	⊂354	⊂213	⊂213	⊂354 443⊃	443⊃	443⊃	443⊃
牟平	⊂42	⊂42	⊂54	⊂54	⊂213	⊂213	132⊃	132⊃	⊂54	132⊃
煙台	⊂31	⊂31	55⊃	55⊃	214	214	55⊃	55⊃	55⊃	55⊃
蓬莱	⊂212	55⊃	55⊃	55⊃	⊂213	⊂213	52⊃	52⊃	52⊃	52⊃
海陽	⊂53	⊂53	433⊃	⊂214	⊂214	⊂214	433⊃	433⊃	433⊃	433⊃
莱州	⊂213	⊂42	⊂42	⊂42	⊂55	⊂55	⊂42	⊂213	⊂213	⊂213
平度	⊂213	⊂53	⊂53	⊂53	⊂55	⊂55	⊂53	⊂213	⊂213	⊂213
青島	⊂213	4⊂2	⊂42	⊂42	⊂55	⊂55	42⊃	42⊃	42⊃	42⊃
膠南	⊂213	⊂42	⊂42	⊂42	⊂55	⊂55	21⊃	21⊃	21⊃	21⊃
日照	⊂213	⊂42	⊂42	⊂42	⊂55	⊂55	21⊃	21⊃	21⊃	21⊃
諸城	⊂214	⊂53	⊂53	⊂53	⊂55	⊂55	31⊃	31⊃	31⊃	31⊃
沂水	⊂213	⊂53	⊂53	⊂53	⊂44	⊂44	21⊃	21⊃	21⊃	21⊃
濰坊	⊂214	⊂53	⊂53	⊂53	⊂55	⊂55	31⊃	31⊃	31⊃	31⊃
臨朐	⊂213	⊂42	⊂42	⊂42	⊂55	⊂55	21⊃	21⊃	21⊃	21⊃
寿光	⊂213	⊂43	⊂43	⊂43	⊂55	⊂55	21⊃	21⊃	21⊃	21⊃
利津	⊂213	⊂53	⊂53	⊂53	⊂55	⊂55	21⊃	21⊃	21⊃	21⊃
無棣	⊂213	⊂55	⊂55	⊂55	⊂55	⊂55	41⊃	41⊃	41⊃	41⊃
寧津	⊂324	⊂53	⊂53	⊂53	⊂44	⊂44	31⊃	31⊃	31⊃	31⊃
徳州	⊂213	⊂42	⊂42	⊂42	⊂55	⊂55	21⊃	21⊃	21⊃	21⊃
済南	⊂213	⊂42	⊂42	⊂42	⊂55	⊂55	21⊃	21⊃	21⊃	21⊃
章丘	⊂213	⊂55	⊂55	⊂55	⊂55	⊂55	21⊃	21⊃	21⊃	21⊃
博山	⊂214	⊂55	⊂55	⊂55	⊂55	⊂55	31⊃	31⊃	31⊃	31⊃
泰安	⊂213	⊂42	⊂42	⊂42	⊂55	⊂55	21⊃	21⊃	21⊃	21⊃
新泰	⊂214	⊂53	⊂53	⊂53	⊂55	⊂55	41⊃	41⊃	41⊃	41⊃
臨沂	⊂213	⊂53	⊂53	⊂53	⊂55	⊂55	313⊃	313⊃	313⊃	313⊃

郯城	⊂213	⊆55	⊆55	⊆55	⊂24	⊂24	41⊃	41⊃	41⊃	41⊃
棗荘	⊂213	⊆55	⊆55	⊆55	⊂24	⊂24	42⊃	42⊃	42⊃	42⊃
曲阜	⊂213	⊆42	⊆42	⊆42	⊂55	⊂55	312⊃	312⊃	312⊃	312⊃
済寧	⊂213	⊆42	⊆42	⊆42	⊂55	⊂55	312⊃	312⊃	312⊃	312⊃
単県	⊂213	⊆42	⊆42	⊆42	⊂55	⊂55	412⊃	412⊃	412⊃	412⊃
菏澤	⊂213	⊆52	⊆52	⊆52	⊂55	⊂55	412⊃	412⊃	412⊃	412⊃
東明	⊂113	⊆53	⊆53	⊆53	⊂55	⊂55	314⊃	314⊃	314⊃	314⊃
東平	⊂214	⊆42	⊆42	⊆42	⊂55	⊂55	312⊃	312⊃	312⊃	312⊃
陽谷	⊂13	⊆42	⊆42	⊆42	⊂55	⊂55	312⊃	312⊃	312⊃	312⊃
聊城	⊂13	⊆42	⊆42	⊆42	⊂44	⊂44	313⊃	313⊃	313⊃	313⊃
臨清	⊂323	⊆53	⊆53	⊆53	⊂55	⊂55	31⊃	31⊃	31⊃	31⊃

山東省36地点声調比較表（二）

	帽	大	樹	發	筆	接	麦	六	白	敵
普通話	51⊃	51⊃	51⊃	⊂55	⊂214	⊂55	51⊃	51⊃	⊂35	⊂35
栄成	443⊃	443⊃	443⊃	⊂213	⊂213	⊂213	⊂213	443⊃	443⊃	⊂213
牟平	132⊃	132⊃	132⊃	⊂213	⊂213	⊂213	⊂213	132⊃	132⊃	⊂213
煙台	55⊃	55⊃	55⊃	⊂214	⊂214	⊂214	⊂214	55⊃	55⊃	⊂214
蓬莱	52⊃	52⊃	52⊃	⊂213	⊂213	⊂213	⊂213	52⊃	⊆55	⊆55
海陽	433⊃	433⊃	433⊃	⊂214	⊂214	⊂214	433⊃	433⊃	433⊃	433⊃
莱州	⊆42	⊂213	⊆42	⊂55	⊂55	⊂55	⊂213	⊂213	⊆42	⊆42
平度	⊆53	⊂213	⊆53	⊂55	⊂55	⊂55	⊂213	⊂213	⊆53	⊆53
青島	42⊃	42⊃	42⊃	⊂55	⊂55	⊂55	42⊃	42⊃	42⊃	42⊃
膠南	21⊃	21⊃	21⊃	⊂55	⊂55	⊂55	21⊃	21⊃	⊆42	⊆42
日照	21⊃	21⊃	21⊃	⊂213	⊂213	⊂213	21⊃	21⊃	⊆42	⊆42
諸城	31⊃	31⊃	31⊃	⊂55	⊂55	⊂55	31⊃	31⊃	⊆53	⊆53
沂水	21⊃	21⊃	21⊃	⊂44	⊂44	⊂44	21⊃	21⊃	⊆53	⊆53
濰坊	31⊃	31⊃	31⊃	⊂214	⊂214	⊂214	31⊃	31⊃	⊆53	⊆53
臨胊	21⊃	21⊃	21⊃	⊂55	⊂55	⊂55	21⊃	21⊃	⊆42	⊆42
寿光	21⊃	21⊃	21⊃	⊂213	⊂55	⊂213	21⊃	21⊃	⊆43	⊆43

利津	21꜔	21꜔	21꜔	44꜕	44꜕	44꜕	21꜔	21꜔	⊆53	⊆53
無棣	41꜔	41꜔	41꜔	⊂213	⊂213	⊂213	41꜔	41꜔	⊂55	⊂55
寧津	31꜔	31꜔	31꜔	⊂324	⊂324	⊂324	31꜔	31꜔	⊆53	⊆53
徳州	21꜔	21꜔	21꜔	⊂213	⊂213	⊂213	21꜔	21꜔	⊆42	⊆42
済南	21꜔	21꜔	21꜔	⊂213	⊂213	⊂213	21꜔	21꜔	⊆42	⊆42
章丘	21꜔	21꜔	21꜔	⊂55	445꜕	445꜕	21꜔	21꜔	⊂55	⊂55
博山	31꜔	31꜔	31꜔	⊂214	⊂214	⊂214	31꜔	31꜔	⊂55	⊂55
泰安	21꜔	21꜔	21꜔	⊂213	⊂213	⊂213	21꜔	21꜔	⊆42	⊆42
新泰	41꜔	41꜔	41꜔	⊂214	⊂214	⊂214	41꜔	41꜔	⊆53	⊆53
臨沂	313꜔	313꜔	313꜔	⊂214	⊂214	⊂214	313꜔	313꜔	⊆53	⊆53
郯城	41꜔	41꜔	41꜔	⊂213	⊂213	⊂213	41꜔	41꜔	⊆55	⊆55
棗荘	42꜔	42꜔	42꜔	⊂213	⊂213	⊂213	⊂213	42꜔	⊆55	⊆55
曲阜	312꜔	312꜔	312꜔	⊂213	⊂213	⊂213	⊂213	312꜔	⊆42	⊆42
済寧	312꜔	312꜔	312꜔	⊂213	⊂213	⊂213	⊂213	312꜔	⊆42	⊆42
単県	412꜔	412꜔	412꜔	⊂213	⊂213	⊂213	⊂213	412꜔	⊆42	⊆42
菏澤	412꜔	412꜔	412꜔	⊂213	⊂213	⊂213	⊂213	412꜔	⊆52	⊆52
東明	314꜔	314꜔	314꜔	⊂113	⊂113	⊂113	⊂113	⊂113	⊆53	⊆53
東平	312꜔	312꜔	312꜔	⊂214	⊂214	⊂214	⊂214	312꜔	⊆42	⊆42
陽谷	312꜔	312꜔	312꜔	⊂13	⊂13	⊂13	⊂13	312꜔	⊆42	⊆42
聊城	313꜔	313꜔	313꜔	⊂13	⊂13	⊂13	313꜔	313꜔	⊆42	⊆42
臨清	31꜔	31꜔	31꜔	⊂323	⊂323	⊂323	31꜔	31꜔	⊆53	⊆53

(山東省地方志編纂委員会編『山東省志・方言志』p.108〜111より)

付2. 山東省109地点方言声調のまとめ

	陰平	陽平	上声	去声	入声	材料出所
東区東萊片（15）						
栄成	42	35	214	44	——	栄成方言志
威海	53	(33)	312	33	——	威海方言志
文登	53	44	214	34	——	自己調査
牟平	51	53	213	131	——	牟平方言志
煙台	31	(55)	214	55	——	煙台方言報告
福山	31	(55)	214	55	——	山東方言語音概況
棲霞	52	(44)	314	44	——	山東方言語音概況
乳山	53	(44)	214	44	——	自己調査
海陽	53	(43)	213	43	——	自己調査
萊陽	214	31	34	51	——	膠東人怎様学習普通話
蓬萊	313	55	214	42	——	山東省志（方言志）
長島	313	55	213	42	——	長島方言音系
龍口	313	55	214	53	——	龍口方言研究報告
招遠	214	(42)	55	42	——	自己調査
萊西	214	(42)	55	42	——	青島市志（方言志）
東区東濰片（26）						
萊州	213	42	55	(42)	——	披県音系
平度	214	53	55	(53)	——	平度方言志
即墨	213	42	55	(42)	——	即墨方言志
城陽	213	42	55	(42)	——	青島市志（方言志）
青島	213	42	55	(42)	——	青島市志（方言志）
膠州	213	42	55	212	——	青島市志（方言志）
膠南	213	42	55	21	——	青島市志（方言志）
諸城	214	53	55	31	——	濰坊方言志
高密	214	53	55	31	——	濰坊方言志

昌邑	213	42	55	21	——	濰坊方言志	
濰城	214	53	55	31	——	濰坊方言志	
坊子	214	53	55	31	——	濰坊方言志	
寒亭	213	53	55	31	——	濰坊方言志	
五蓮	214	53	55	31	——	濰坊方言志	
安丘	213	42	55	21	——	濰坊方言志	
昌楽	213	42	55	21	——	濰坊方言志	
臨朐	213	42	55	1	——	濰坊方言志	
青州	213	42	55	21	——	濰坊方言志	
寿光	213	53	55	21	——	寿光方言志	
沂水	213	53	44	21	——	沂水方言志	
日照	213	42	55	21	——	山東省志（方言志）	
莒南	213	53	55	31	——	自己調査	
莒県	213	53	55	31	——	山東方言語音概況	
蒙陰	213	53	55	31	——	山東方言語音概況	
沂南	213	53	55	31	——	自己調査	
沂源	213	53	55	31	——	自己調査	

西区西斉片 (39)

新泰	213	42	55	31	——	新泰方言志	
莱蕪	213	(55)	55	31	——	自己調査	
博山	214	(55)	55	31	——	博山方言研究	
淄川	214	(55)	55	31	——	淄川方言研究	
章丘	213	(55)	55	21	44	——	章丘方言入声調的研究
鄒平	213	(45)	45	31	33	——	鄒平県志・方言
桓台	213	(55)	55	21	44	——	清中葉的桓台方音及演変
博興	213	(54)	54	31	——	山東方言語音概況	
広饒	213	53	55	31	44	——	広饒音系

山東方言声調の構造　43

利津	213	53	55	21	——	利津方言志
濱州	213	53	55	31	——	山東方言語音概況
沾化	213	53	55	31	——	山東方言語音概況
無棣	213	(55)	55	41	——	山東方言語音概況
陽信	213	43	55	31	——	山東方言語音概況
慶雲	213	(55)	55	31	——	山東方言語音概況
恵民	213	42	55	31	——	山東方言語音概況
楽陵	213	42	55	31	——	山東方言語音概況
商河	213	42	55	31	——	山東方言語音概況
臨邑	213	42	55	31	——	山東方言語音概況
済陽	213	42	55	31	——	山東方言語音概況
済南	213	42	55	21	——	済南方言詞典
斉河	213	42	55	31	——	山東方言語音概況
禹城	213	42	55	31	——	山東方言語音概況
平原	213	53	55	31	——	山東方言語音概況
寧津	213	53	44	31	——	山東方言語音概況
徳州	213	42	55	31	——	徳州方言志
武城	214	42	55	312	——	山東方言語音概況
夏津	313	53	55	312	——	山東方言語音概況
臨清	323	53	55	31	——	臨清方言志
高唐	214	2	55	413	——	山東方言語音概況
茌平	214	42	55	312	——	山東方言語音概況
東阿	214	53	55	314	——	山東方言語音概況
平陰	214	42	55	312	——	山東方言語音概況
長清	214	42	55	31	——	山東方言語音概況
肥城	214	42	55	21	——	山東方言語音概況
冠県	13	42	55	31	——	山東方言語音概況
莘県	214	42	55	312	——	山東方言語音概況
聊城	213	42	55	313	——	山東方言語音概況
陽谷	213	42	55	312	——	山東方言語音概況

西区西魯片（29）

臨沭	213	53	55	312	——	自己調査
郯城	213	55	24	41	——	山東省志（方言志）
蒼山	213	55	24	212	——	山東方言語音概況
費県	213	53	55	312	——	自己調査
平邑	214	53	55	412	——	平邑話的功能変調
臨沂	214	53	55	312	——	自己調査
棗荘	213	55	24	42	——	山東省志（方言志）
嶧城	313	44	24	53	——	山東_城方言民俗語彙
薛城	212	55	35	51	——	薛城音系
滕州	213	42	45	31	——	山東方言語音概況
微山	21	54	35	41	——	山東方言語音概況
鄒城	213	43	55	412	——	山東方言語音概況
泗水	213	42	55	412	——	山東方言語音概況
曲阜	213	42	55	312	——	山東省志（方言志）
済寧	213	42	55	312	——	山東省志（方言志）
嘉祥	213	42	55	312	——	山東方言語音概況
汶上	213	42	55	312	——	山東方言語音概況
東平	214	53	55	312	——	山東省志（方言志）
梁山	213	53	55	312	——	山東方言語音概況
金郷	213	42	55	312	——	金郷方言志
単県	213	53	55	412	——	山東単県方言的親族称謂系統
成武	213	42	55	312	——	山東方言語音概況
巨野	213	42	55	312	——	山東方言語音概況
鄆城	213	42	55	312	——	自己調査
鄄城	213	53	44	412	——	山東方言語音概況
菏澤	213	52	55	412	——	山東省志（方言志）
東明	213	53	55	312	——	自己調査
曹県	213	42	55	312	——	自己調査

| 定陶 | 213 | 42 | 55 | 312 | —— 山東方言語音概況 |

(銭曾怡主編　張樹錚・羅福騰副主編『山東方言研究』p.91〜94より)

金郷方言における変調、軽声、児化

　金郷県は山東省南西部に位置し、孔子の里の曲阜、孟子の里の鄒県と同じく済寧市に属す。この地域の方言は古くからの「魯語」といわれ、現代北方官話の中では、中原官話と冀魯官話との境界に位置する地域の方言である。悠久な歴史と、光り輝く文化をもつ環境から生まれた当地の方言（俗に魯西南方言という）について、方言学者はそれぞれの分析の観点から、異なった方言区に繰り入れている。李栄先生は「中原官話」に、銭曾怡先生は、山東方言の西区の西魯小区に繰り入れている。

　金郷方言は当地域の中で、もっとも代表的な方言といえる。単なる単音節の音声系統から、つまり静態的に見る場合、他方言と大きな違いはないが、動態的にみれば、多音節の連読音変の側面、特に児化音変、軽声の変調の状況には、金郷方言の性格がはっきりと現れる。

　当方言の単字音声系統は次のとおりである。

声母21個（零声母を含む）：

p	布歩擺	p'	怕皮普	m	門明買	f	飛父馮
t	到道単	t'	太同天	n	拿怒難	l	老論来
ts	資展周	ts'	倉産抽	z	人若日	s	絲山収
tɕ	精局足	tɕ'	秋斉妻	ɲ	年女攝	ɕ	修学粛
k	歌跪古	k'	開狂苦	ɣ	恩熬歐	x	輝海胡
ø	耳衣瓦玉栄						

韻母35個：

a	爬答蛇	ia	圧下家	ua	瓦瓜華		
ə	阿合車	iə	葉接瘧	uə	窩郭多	yə	薬学角
ər	耳児二						
l̩	思支翅	i	第期飛	u	書鹿讀	y	魚女俗
ɛ	該才買			uɛ	外怪帥		

ei	美勒筆麦百			uei	味歳罪		
ɔ	包焼襖	iɔ	標跳交				
ou	斗収走	iou	友流秀				
ã	干含山	iã	間検銜	uã	短酸穿	yã	遠全懸
ẽ	本分真	iẽ	音心隣	uẽ	文困春	yẽ	允俊勋
aŋ	桑方当	iaŋ	様郷良	uaŋ	王荒光		
ɔŋ	争坑風	iŋ	英青星	uŋ	翁農中	yŋ	永兄粽

声調4個：

陰平	213	剛偏初尊	黒鉄郭決	麦滅入月	
陽平	42	唐田同窮	来娘文原	合独服局	
上声	55	走体古勇	馬米母女		
去声	312	是近坐撰	正細慣勧	岸命夢用	害謝共倦　六陸玉

1. 変調と軽声

1.1 二音節連読の声調変化

　金郷方言の単字音には4つの基本声調があるので、2字連続して読む場合には16種（4×4）の声調形式となるはずだが、その中の6種（陽平＋陰平と上声＋陰平、陽平＋上声と上声＋上声、陽平＋去声と上声＋去声）は連読変化によってそれぞれ同型となってしまい、3種に統合される。したがって二音節連読の声調形式はつぎの13種となる。次の〈二音節連読声調変化表〉を見てみよう。

　二音節連読声調変化表

前字 後字	陰平 213	陽平 42	上声 55	去声 312
陰平 213	213+213 → 23+213 鮮花　飛機	42+213 → 55+213 長江　茶几	55+213 （変化せず） 早操　貶低	312+312 → 31+312 汽車　電燈

陽平 42	213+42 → 21+42 宣伝　幫忙	42+42 （変化せず） 黄河　皮球	55+42 → 45+42 老人　草鞋	312+42 → 31+42 樹林　外行
上声 55	213+55 → 21+55 生産　積攢	42+55 → （変化せず） 同伙　連長	55+55 → 42+55 虎口　土改	312+55 → 31+55 動手　大雨
去声 312	213+312 → 23+312 書店　花布	42+312 → 55+312 名勝　同意	55+312 （変化せず） 水庫　打架	312+312 → 31+312 電話　過去

例を挙げて比較してみよう。

(1) 23+213　陰平＋陰平
　　鮮花 çiā213-23xua213　　　　天山 t'iā213-23sā213
　　飛機 fi213-23tçi213　　　　　刮風 kua213-23fəŋ213

(2) 55+213　陽平＋陰平＝上声＋陰平
　　時≠史　　時装 sฺ42-55tsuaŋ213 ＝ 史荘 sฺ55tsuaŋ213
　　含≠喊　　含冤 xā42-55yā213 ＝ 喊冤 xā55yā213
　　洋≠養　　洋鶏 iaŋ42-55tçi213 ＝ 養鶏 iaŋ55tçi213
　　人≠忍　　人心 zē42-55ciē213 ＝ 忍心 zē55çiē213
　　児≠耳　　児科 ər42-55k'ə213 ＝ 耳科 ər55k'ə213
　　長≠場　　長方 ts'aŋ42-55faŋ213 ＝ 場方 ts'aŋ55faŋ213
　　磨≠抹　　磨光 mə42-55kuaŋ213 ＝ 抹光 mə55kuaŋ213

(3) 31+213　去声＋陰平
　　汽車 tçʻi312-31tsʻə213　　　電燈 tiā312-31təŋ213
　　定親 tiŋ312-31tçʻiē213　　　樹梢児 ṣu312-31ṣər213

(4) 21+42　陰平＋陽平
　　宣伝 çyā213-21 tsʻuā42　　　幫忙 paŋ213-21maŋ42
　　親人 tçʻiē213-21zē42　　　　氷涼 piŋ213-21liaŋ42

(5) 42+42　陽平＋陽平（変化せず）
　　貧窮 pʻiē42tçʻyŋ42　　　　　童年 tuŋ42n̡iā42

　　　　黄河 xuaŋ42xə42　　　　　　皮球 p'i42tɕ'iou42
(6)　45+42　　上声＋陽平
　　　　臉皮 liã55-45p'i42　　　　　産値 ts'ã55-45tsʅ42
　　　　草鞋 ts'ɔ55-45ɕiə42　　　　老人 lɔ55-45zẽ42
(7)　31+42　　去声＋陽平
　　　　樹林 su312-31liẽ42　　　　 継承 tɕi312-31ts'əŋ42
　　　　外行 uɛ312-31xaŋ42　　　　地図 ti312-31t'u42
(8)　21+55　　陰平＋上声
　　　　腰鼓 iɔ213-21ku55　　　　　花臉 xua213-21liã55
　　　　生産 səŋ213-21ts'ã55　　　 積攅 tɕi2213-21tsã55
(9)　42+55　　上声＋上声＝陽平＋上声
　　　　淌≠糖　　淌水 t'aŋ55-42suei55 = 糖水 t'aŋ42suei55
　　　　虎≠糊　　虎口 xu55-42k'ou55 = 糊口 xu42k'ou55
　　　　土≠涂　　土改 t'u55-42kɛ55 = 涂改 t'u42kɛ55
　　　　雨≠魚　　雨水 y55-42suei55 = 魚水 y42suei55
　　　　彩≠財　　彩礼 ts'ɛ55-42li55 = 財礼 ts'ɛ42li55
　　　　柳≠劉　　柳井 liou55-42tɕiŋ55 = 劉井 liou42tɕiŋ55
(10)　31+55　　去声＋上声
　　　　字典 tsʅ312-31tiã55　　　　大雨 ta312-31y55
　　　　政府 tsəŋ312-31fu55　　　　動手 tuŋ312-31sou55
(11)　23+312　陰平＋去声
　　　　高貴 kɔ213-23kuei312　　　 書店 su213-23tiã312
　　　　花布 xua213-23pu312　　　　中用 tsuŋ213-23yŋ312
(12)　55+312　陽平＋去声＝上声＋去声
　　　　埋≠買　　埋葬 mɛ42-55tsaŋ312 = 買帳 mɛ55tsaŋ312
　　　　園≠遠　　園地 yã42-55ti312 = 遠地 yã55ti312
　　　　仇≠醜　　仇視 ts'ou42-55sʅ312 = 醜事 ts'ou55sʅ312
　　　　図≠土　　図画 t'u42-55xua312 = 土話 t'u55xua312
　　　　同≠統　　同志 t'uŋ42-55tsʅ312= 統治 t'uŋ55tsʅ312
　　　　刑≠醒　　刑事 ɕiŋ42-55sʅ312 = 醒世 ɕiŋ55sʅ312

存≠蠢　　存貨 ts'uẽ42-55xuə312 = 蠢貨 ts'uẽ55xuə312
癆≠老　　癆病 lɔ42-55piŋ312 = 老病 lɔ55piŋ312
(13) 31+312　去声＋去声
　　電話 tiã312-31xua312　　　過去 kuə312-31tɕ'y312
　　外貌 uɛ312-31mɔ312　　　運動 yẽ312-31tuŋ312

1.2　二音節連読の軽声変調

まず、つぎの軽声変調表を見てみよう。

後字 ＼ 前字	陰平 213	陽平 42	上声 55	去声 312
軽声 ・	213 + ・ → 21 + 5 莊稼　西瓜	a) 42 + ・ → 55 + 3 棉花　実誠 b) 42 + ・ → 42 + 2 龍黄　長虫	a) 55 + ・ → 45 + 3 点子　本事 b) 55 + ・ → 42 + 2 洗洗　等等	a) 312+ ・ → 42 + 2 罐子　下頭 b) 312+ ・ → 31 + 4 去過　看看

軽声の調値について

　陰平の後の軽声の調値は約4度であるが、去声 b 類の後の軽声と区別するため、ここでは5度とする。陽平、上声の後の軽声の調値は差が極めて小さいので、すべて3度とする。去声 a 類後の軽声の調値は約1.5度だが、ここでは2度とする。去声 b 類の軽声の調値は約3度であるが、陽平、上声の後の軽声と区別するため、4度とする。
　二音節連読の軽声変調のパターンは次の5種類がある。
(1) 21+5 「陰平＋軽声」に限り
　　莊稼 tsuaŋ213-21tɕia5　　　西瓜 ɕi213-21kua5
　　媳婦 ɕi213-21fu5　　　　　骨頭 ku213-21t'ou5
(2) 55+3 「陽平＋軽声」に限り
　　棉花 miã42-55xua3　　　　旋風 ɕyã42-55fəŋ3
　　勤利 tɕ'iẽ42-55li3　　　　　実在 sɿ42-55tsɛ3

(3) 45+3 「上声＋軽声」に限り

    把騎 pa55-45tɕʻi3　　　　　点子 tiã55-45tsʅ3
    水分 suei55-45fẽ3　　　　　本事 pẽ55-45sʅ3

(4) 42+2　このパターンには上表の「去声＋軽声」のa類、「陽平＋軽声」のb類及び「上声＋軽声」のb類の3種を含む。

「去声＋軽声」a類中の軽声は主に次の4種が含まれる。語尾の"子"、"頭"、方位詞或いは方向動詞の"上"、動態助詞"着"、"喽"、AA形式の名詞の重ね形などである。

    罐子 kuã312-42tsʅ2　　　　下頭 ɕia312-42tʻou2
    地里 ti312-42li2　　　　　　岸上 ʏã312-42xaŋ2
    跪下 kuei312-42ɕia2　　　　坐着 tsuə312-42tsʅ2
    忘喽 uaŋ312-42lou2　　　　趙家 tsɔ312-42tɕia2
    舅舅 tɕiou312-42tɕiou2　　　臭臭 tsʻou312-42tsʻou2

「陽平＋軽声」b類は数が少ないが、つぎに挙げる例などが見られる。

    龍黄 luŋ42xuaŋ2　　　　　　年時 ȵiã42sʅ2
    頭枕 tou42tsʻẽ2　　　　　　　長虫 tsʻaŋ42tsʻuŋ2
    巨野 tɕy42iə2　　　　　　　　時候 sʅ42xou2

「上声＋軽声」のb類に含まれるのは主に単音節動詞或いは形容詞のAA形式の重ね形である。

    洗洗 ɕi55-42ɕi2　　　　　　擺擺 pɛ55-42pɛ2
    找找 tsɔ55-42tsɔ2　　　　　使使 sʅ55-42sʅ2
    写写 ɕiə55-42ɕiə2　　　　　改改 kɛ55-42kɛ2
    管管 kuã55-42kuã2　　　　　走走 tsou55-42tsou2
    想想 ɕiaŋ55-42ɕiaŋ2　　　　捋捋 ly55-42ly2
    扯扯 tsʻə55-42tsʻə2　　　　品品 pʻiẽ55-42pʻiẽ2
    指指 tsʅ55-42tsʅ2　　　　　捆捆 kʻuẽ55-42kʻuẽ2
    浅浅 tɕʻiã55-42tɕʻia2　　　老老 lɔ55-42lɔ2
    好好 xɔ55-42xɔ2　　　　　　短短 tuã55-42tuã2
    緊緊 tɕiẽ55-42tɕiẽ2　　　　鼓鼓 ku55-42ku2

これらの形容詞の重ね形にははっきりとした意味上の特徴がある。いずれも

「もう少し〜なる / する」という意味を示している。次の例文を見てみよう。

   他这两天不大好，等好好再上班。
   （彼はこの二三日体調が悪く、少し回復してから出勤する。）
   这茄子忒嫩，老老再揪吧。
   （この茄子は柔らか過ぎるので、少し熟れてから取りましょう。）
   坑挖得忒浅，还得深深。
   （穴は浅すぎで、もう少し深く掘るべきだ。）

(5) 31＋4　この「去声＋軽声」形式中の軽声字の多くは大部分の語気詞と、一部の単音節動詞の重ね形である。

  去唄 tɕ'y312-31pɛ4　　　　累不 lei312-31lpu4
  醋呢 ts'u312-31na4　　　　去過 tɕ'y312-31ku4
  後悔 xou312-31xuei4　　　願意 yā312-31i4
  過明児 kuə312-31miɚr4　　下邊児 ɕia312-31pɛr4
  謝謝 ɕiə312-31ɕiə4　　　　看看 k'ā312-31k'ā4

ここにはとても興味深い現象が見られ、同様にAA式の「去声＋軽声」も、声調の変化が異なれば、表わす意味が異なることがある。下表を見てみよう。

声調類型	発音と意味		品詞の類
去＋軽(a) 312－42＋2	xuē312-42xuē 混混 （混子）	ts'ou312-42 ts'ou 臭臭 （大便）	名詞的
去＋軽(b)	xuē312-31xuē4 混混	ts'ou312-31ts'ou4 湊湊	動詞的

方言の実際を分析すれば、「去声＋軽声」におけるa式とb式の用い方は次の4種類に分けられる。

 ①表と同様に、a式もb式もあるが、それぞれ違う意味を表す（a≠b）。
  視＝似　　近視 tɕiē312-42sʅ2 ≠ 近似 tɕiē312-31sʅ4
  思＝識　　意思 i312-42sʅ2 ≠ 意識 i312-31sʅ4
  食＝是　　就食 tɕiou312-42sʅ2 ≠ 就是 tɕiou312-31sʅ4
 ②a式もb式もあり、同じ意味を表す（a＝b）。

怨成：a) yā312-42tsʻəŋ2／b) yā312-31tsʻəŋ4
蓋過：a) kɛ312-42kuə2／b) kɛ312-31kuə4
在意：a) tsɛ312-42xu2／b) tsɛ312-31xu4
浪乎：a) laŋ312-42xu2／b) laŋ312-31xu4
気性：a) tɕʻi312-42ɕiŋ2／b) tɕʻi312-31ɕiŋ4
己家：a) tɕi312-42tɕia2／b) tɕi312-31tɕia4
過去：a) kuə312-42tɕʻy2／b) kuə312-31tɕʻy4
上来：a) saŋ312-42lɛ2／b) saŋ312-31lɛ4
凍着：a) tuŋ312-42tsuə2／b) tuŋ312-31tsuə4
下去：a) ɕia312-42tɕʻy2／b) ɕia312-31tɕʻy4
近便：a) tɕiẽ312-42piã2／b) tɕiẽ312-31piã4
涼児涼児：a) liãr312-42liãr2／b) liãr312-31liãr4

③a式しかない。

頭　上頭 saŋ312-42tʻou2　　下頭 ɕia312-42tʻou2
　　外頭 uɛ312-42tʻou2　　　看頭 kʻā312-42tʻou2
上　路上 lu312-42xaŋ2　　　樹上 su312-42xaŋ2
　　会上 xuei312-42xaŋ2　　 地上 ti312-42xaŋ2
子　段子 tuā312-42tsʅ2　　　穂子 suei312-42tsʅ2
　　乱子 luā312-42tsʅ2　　　釦子 kʻou312-42tsʅ2
　　柿子 sʅ312-42sʅ　　　　 罐子 kua312-42tsʅ2（例外：兎子 tʻu312-42tsʅ4）
着　坐着 tsuə312-42tsʅ2　　 跪着 kuei312-42tsʅ2
　　看着 kʻā312-42tsʅ2　　　楞着 ləŋ312-42tsʅ2
里　地里 ti312-42li2　　　　 院児里 yɛr312-42li2
的　用的 yŋ312-42li2　　　　賣的 mɛ312-42li2
啦　散啦 sā312-42la2　　　　忘啦 uaŋ312-42la2
　　会啦 xuei312-42la2　　　慣啦 kuā312-42la2
動弾 tuŋ312-42tʻā2　　　　　僻静 pi312-42tɕiŋ2
豆腐 tou312-42fu2　　　　　 弟兄 ti312-42ɕyŋ2
細法 ɕi312-42fa2　　　　　　照顧 tsɔ312-42ku2
笑話児 ɕiɔ312-42xuar2　　　 轉由 tsuā312-42iou2

乱騰 luã312-42tʻəŋ2　　　硬実 iŋ312-42sɿ2
做作 tsou312-42tsuɔ2　　記号 tɕi312-42xɔ2
妹妹 mẽ312-42mẽ2　　　素静 su312-42tɕiŋ2
歳数 suei312-42su2　　　霧星 u312-42ɕiŋ2
故事 ku312-42sɿ2　　　　字号 tsɿ312-42xɔ2
座位児 tsuə312-42uer2　　地道 ti312-42tɔ2
弟弟 ti312-42ti2　　　　　妹妹 mẽ312-42mẽ2
舅舅 tɕiou312-42tɕiou2　　臭臭 tsʻou312-42tsʻou2
肉肉 zou312-42zou2　　　面児面児 miɛr312-42miɛr2
罐児罐児 kuɛr312-42kuɛr2　棍児棍児 kuer312-42kuer2
片児片児 pʻiɛr312-42pʻiɛr2　塊児塊児 kʻuɛr312-42kʻuɛr2

④b式しかない。

個　這個 tsə312-31kə4　　那個 na312-31kə4
邊児　上邊児 xaŋ312-31pɛr4　外邊児 uɛ312-31pɛr4
過　去過 tɕʻy312-31ku4　　見過 tɕiã312-31ku4
唄　是唄 sɿ312-31pɛ4　　　換唄 xuã312-31pɛ4
見　看見 kʻã312-31tɕã4　　夢見 məŋ312-31tɕiã4
大爺 ta312-31iə4　　　　　旦是 tã312-31sɿ4
蒜菜 suã312-31tsʻɛ4　　　落石 lɔ312-31sɿ4
布置 pu312-31tsɿ　　　　　飯量 fã312-31laŋ4
願意 yã312-31i4　　　　　対待 tuei312-31tɛ4
轉轉 tsuã312-31tsuã4　　　問問 uẽ312-31uẽ4
盖盖 kɛ312-31kɛ4　　　　借借 tɕiə312-31tɕiə4
謝謝 ɕiə312-31ɕiə4　　　　用用 yŋ312-31yŋ4
換換 xuã312-31xuã4　　　望望 uaŋ312-31uaŋ4

以上の①～④で最も見られるのが③である。また、AA式の重ね形の特徴として、一般的に、名詞の場合はa式しか取れず、動詞の場合はb式しか取れないことも注目に値する。また、当方言の「去声＋軽声」変調のa式とb式の存在をどのように認識すればよいのか。つまり、なぜa式とb式の2種の形式がうまれたのか、もとはどのような形であったのか。今後、周辺地域の方言とも

比較検討してさらに研究する必要がある。

1.3 重ね語構造の声調変化

　ここで言う重ね語構造とは"一BB"、"ABB"と"AABB"などの形式を指している。これらの重ね語は声調変化の面では上述した二音節の声調変化とかなり異なり、次のような3つの特徴が見られる。第一に、前の音節の声調だけではなく、後の音節の声調も変わる。第二に、大部分の重ね語は主に重なりの部分に2つ或いは2つ以上の声調変化の形式を持つ。第三に、一番目の音節を除いて、その他の音節は声調変化が元の声調と直接な関係がない。また、声調変化の形式の語意に対する影響の有無から分析すれば、A、B二種に分けられる。A類は意味の違いがなく、異なる声調変化の形式が話者に意識することなく使われる。これに対し、B類は、声調変化が異なると違う意味を表す。

1.3.1　"一BB"類の声調変化

　　A類：一点点児① i213-21tɛ55trɛr55-213　② i213-21tɛ55trɛr55-42
　　　　一丁丁児① i213-21təŋ213-55tiə̃r213　② i213-21təŋ213-55tiə̃r42
　　　　一拧拧児① i213-21ȵiŋ42-55ȵriə̃r213　② i213-21ȵiŋ42-55ȵriə̃r42
　　　　　　　　③ i213-21ȵiŋ42-55ȵriə̃r・
　　　　一候児候児① i213-21xour42-55xour42-213　② i213-21xour42xour42
　　　　　　　　③ i213-21xour42-21xour・
　　　　一星星児① i213-21ɕiŋ213-55ɕiə̃r213　② i213-21ɕiŋ213-42ɕriə̃r213-42・
　　　　　　　　③ i213-21ɕiŋ213-21ɕiə̃r・

　このような語は数が少なく、いずれも「きわめて小さい」、「ごくわずか」の意味をもつ。

　　B類：一個個① i213-23kə312-31kə312（毎一個、一個一個）
　　　　　　② i213-23kə312-42kə・（一小個）
　　　　一口口① i213-23k'ou55-42k'ou55（毎一口、一口一口）
　　　　　　② i213-23k'ou55-45k'ou・（一小口）
　　　　一張張① i213-23tsaŋ213-23tsaŋ213（毎一張、一張一張）
　　　　　　② i213-23tsaŋ213-21tsaŋ・（一小張）
　　　　一盒児盒児① i213-21xər42xər42（毎一盒、一盒一盒）

　　　　　　②i213-21xər42-55xər・（一小箱）
　　一片片①i213-23pʻiā312-31pʻiā312（毎一片、一片一片）
　　　　　　②i213-21pʻiā312-42pʻiā・（一小片）
　　一筐筐①i213-23kʻuaŋ213-23kʻuaŋ213（毎一筐、一筐一筐）
　　　　　　②i213-23kʻuaŋ213-21kʻuaŋ・（一小筐）
　　一趟趟①i213-23tʻaŋ312-31tʻaŋ312（毎一趟、一趟一趟）
　　　　　　②i213-21tʻaŋ312-42tʻaŋ・（一行：〜樹）
　　一等等①i213-21təŋ55-42təŋ55（一会児：你先走，我〜就去）
　　　　　　②i213-21təŋ55-42təŋ・(稍微等一会児：你坐下〜,他这就回来。)

　この形式はほとんど数詞"一"と単音節量詞（助数詞）の重ね形からなりたっている。数詞"一"と単音節動詞の重ね形からなりたっているものもあるが、数が少ないので、説明は省略する。

1.3.2 "ABB"類の声調変化

　"ABB"三音節の声調構成は次の①と②のような二種の声調変化のタイプがある。①は「A─軽声─陰平」で、②は「A─軽─陽平」である。

　　熱乎乎①zə312-21xu・xu213　　　　②zə312-21xu・xu213-42
　　酸溜溜①suā213-21liou・liou213　　②suā213-21liou・liou213-42
　　甜絲絲①tʻiā42-55sʅ・sʅ213　　　　②tʻiā42-55sʅ・sʅ213-42
　　窮戚戚①tɕʻyŋ42-55tɕʻi・tɕʻi42-213②tɕʻyŋ42-55tɕʻi・tɕʻi42
　　軟扭扭①zuā55-45n̠iou・n̠iou55-213②zuā55-45n̠iou・n̠iou55-42
　　小巴巴①ɕiɔ55-45pa・pa213　　　　②ɕiɔ55-45pa・pa213-42
　　硬梆梆①iŋ312-31paŋ・paŋ213　　　②iŋ312-31paŋ・paŋ213-42
　　亮堂堂①liaŋ312-31tʻaŋ・tʻaŋ42-213②liaŋ312-31tʻaŋ・tʻaŋ42
　　笑嘻嘻①ɕiɔ312-31ɕi・ɕi55-213　　②ɕiɔ312-31ɕi・ɕi55-42
　　黒洞洞①xei213-21tuŋ・tuŋ312-213②xei213-21tuŋ・tuŋ312-42

　これらの例を分析すると以下の3点に大きな特徴がある。第一に、2番目のBは、元の声調が何声かにかかわらず、陰平（213）あるいは陽平（42）にしか変化しない。第二に、1番目のBはAの声調、2番目のBの声調変化の形式にかかわらず、①、②ともすべて軽声となる。第三に、Aの声調は一般的に二音節の声調変化の規則によって変化する。また、上述の①と②には意味上の違いが

ほとんどない。使用頻度から見ても、大差がない。但し、言葉のニュアンスの面から言えば、通常、②は好む気持ちを表すとき、①は嫌う気持ちを表すとき用いる。

1.3.3 "AABB" 類の声調変化

声調変化の形は、形式①：A—軽声—23—213、形式②：A—軽声—42—42、形式③：A—軽声—軽声—軽声の三種がある。実際の用い方によって以下のように分類できる。

第一種　けなす意味に用いる語と一部の中性語は形式②がない。

窩窩囊囊① uə213-21uə· naŋ42-23naŋ213
　　　　② （無）
　　　　③ uə213-21uə· naŋ· naŋ·

疙疙瘩瘩① kə213-21kə· ta213-23ta213
　　　　② （無）
　　　　③ kə213-21kə· ta· ta·

迷迷糊糊① mi42-55mi· xu42-23xu42-213
　　　　② （無）
　　　　③ mi42-55mi· xu· xu·

娘娘們児們児① n̠iaŋ42-55n̠iaŋ· mer42-23mer42-213
　　　　　　② （無）
　　　　　　③ n̠iaŋ42-55n̠iaŋ· mer· mer·

馬馬虎虎① ma55-45ma· xu55-23xu55-213
　　　　② （無）
　　　　③ ma55-45ma· xu· xu·

反反復復① fã55-42fã· fu213-23fu213
　　　　② （無）
　　　　③ fã55-42fã· fu· fu·

楞楞怔怔① ləŋ312-42ləŋ· tsəŋ312-23 tsəŋ312-213
　　　　② （無）
　　　　③ ləŋ312-42ləŋ· tsəŋ· tsəŋ·

半半吊吊① pã312-42pã· tiɔ312-23tiɔ312-213

　　　　②（無）
　　　　③pā312-42pā·tiɔ·tiɔ·
第二種　ほめる意味に用いる語と一部の中性語は3つの声調変化の形式を持つ。
　　熱熱鬧鬧①zə213-21zə·nɔ312-23 nɔ312-213
　　　　②zə213-21zə·nɔ312-42nɔ312-42
　　　　③zə213-21zə·nɔ·nɔ·
　　稀稀拉拉①çi213-21çi·la213-23la213
　　　　②çi213-21çi·la213-42la213-42
　　　　③çi213-21çi·la·la·
　　穏穏当当①uē55-45uē·taŋ213-23taŋ213
　　　　②uē55-45uē·taŋ213-42taŋ213-42
　　　　③uē55-45uē·taŋ·taŋ·
　　満満騰騰①mā55-45mā·t'əŋ42-23t'əŋ42-213
　　　　②mā55-45mā·t'əŋ42t'əŋ42
　　　　③mā55-45mā·t'əŋ·t'əŋ·
　　利利索索①li312-31li·suə55-23suə55-213
　　　　②li312-31li·suə55-42suə55-42
　　　　③li312-31li·suə·suə·
第三種　少数のほめる意味に用いる語は形式③或いは②③がない。
　　干干浄浄①kā213-21kā·tçiŋ312-23tçiŋ312-213
　　　　②kā213-21kā·tçiŋ312-42tçiŋ312-42
　　　　③（無）
　　平平安安①p'iŋ42p'iŋ·ɣā312-23ɣā213
　　　　②（無）
　　　　③（無）
　上述の例を見れば分かるように、a) すべてのAABBタイプは形式①を持つ。b) けなす意味に持つ語には形式②がない。c) ほめる意味に用いる言葉は形式①～③があるが、具体的な使用例から見れば、話者が好む気持ちを表す場合、一般的に形式②が使われる。

2. 児化音変

　金郷方言の中の児化音変の大きな特徴として、舌尖を巻く動作を行うだけではなく、韻尾及び主母音に影響を及ぼし、さらに介音、声母、そして直前の音節にまでさまざまな影響を及ぼしているという点が挙げられる。

2.1　通常の韻母と児化韻母

　金郷方言の35の韻母では、ərを除いて、ほかの34の韻母は児化音変が可能で、計26の児化韻母を構成する。下表を見よう。

児化韻母表

児化韻母	元韻母	語		例	
ar	a	号碼児	打雑児	様法児	一杳児
iar	ia	豆芽児	小蝦児	住家児	拿架児
uar	ua	李娃児	挿花児	拉呱児	牙刷児
ər	ə	听喝児	打折児	小磨児	下坡児
uər	uə	背鍋児	干活児	草棵児	杌桌児
yər	yə	足月児	補缺児	配角児	小学児
εr	ε	掛牌児	鍋蓋児	小孩児	李海児
	ā	下班児	小胆児	豆腐干児	摆攤児
iεr	iə	樹葉児	出血児	台階児	小碟児
	iã	沽邊児	紙片児	針尖児	雨点児
ur	u ①	邊鼓児	牛犢児	飯橱児	地図児
uεr	uε	鬼怪児	解懐児	碗筷児	大乖児
	uā	拐弯児	撒歓児	筆管児	当班児
yεr	yā	包圓児	圓圏児	油旋児	当院児
er	ɿ	樹枝児	瓜子児	找事児	肉絲児
	ei	摸黒児	方格児	刀背児	小麦児
	ẽ	帳本児	大門児	工分児	杏仁児

iɛr	i		初一児	小米児	涼席児	粉皮児
	iɛ̃		皮筋児	捎信児	手印児	干劲児
uer	uei		耳墜児	一会児	湯水児	耳朶垂児
	uẽ		開春児	草棍児	掉魂児	砂輪児
	u②		小猪児	尋主児	老朱児	小樹児
	y②		毛驢児			
yer	y①		馬駒児	唱曲児	小雨児	鋼鋸児
	yẽ		彩雲児	恋群児	徳軍児	竹笋児
ɔr	ɔ		豆包児	水泡児	樹梢児	羊羔児
iɔr	iɔ		裤腰児	小鳥児	午覚児	二小児
our	ou		鶏狗児	暗扣児	後手児	小偸児
iour	iou		加油児	瓜扭児	糖球児	小劉児
ãr	aŋ		鞋幇児	幇忙児	茶缸児	瓜瓢児
iãr	iaŋ		瓜秧児	葱姜児	迎門墻児	喫香児
uãr	uaŋ		水汪児	菜筐児	郷荘児	小床児
ə̃r	əŋ		防震棚児	煞風児	迎冷児	土坑児
iə̃r	iŋ		火星児	毛纓児	鶏蛋清児	掛零児
uə̃r	uŋ		説空児	小龍児	害虫児	小瓮児
yə̃r	yŋ		蚕蛹児	棉花絨児	小熊児	

当方言における児化音変の主な規則は以下の7つにまとめられる。

（1）主母音がa、ɛ、ə、ɔ及び主母音と韻尾がouの韻母が児化した場合は、元韻母の後に舌尖を巻く動作「r」を加わるだけである。即ち：a、ia、ua、ɛ、uɛ、ə、uə、yə、ɔ、iɔ、ou、iou → ar、iar、uar、ɛr、uɛr、ər、uer、yər、ɔr、iɔr、our、iour。（例外：iə → iɛr）

（2）韻母i、yが児化した場合、i、yの後に巻舌母音erが付き、あわせて元主母音i、yが介音になる。即ち：i、y → ier、yer。

（3）韻母ʅが児化した場合、ʅが巻舌母音erになる。即ち：ʅ → er。

（4）主母音が鼻音化母音āである韻母が児化した場合、鼻音化の成分が消失し、āがɛrになる。即ち：ā、iā、uā、yā → ɛr、iɛr、uɛr、yɛr。

(5) 主母音と韻尾が ei、ẽ である韻母が児化した場合、ei と ẽ が巻舌母音 er になる。即ち：ei、uei、ẽ、iẽ、uẽ、yẽ → er、uer、er、ier、uer、yer。

(6) 韻尾が ŋ である韻母が児化した場合、韻尾が消失し、主母音が鼻音化され、あわせて、巻舌動作 r を行う。即ち：aŋ、iaŋ、uaŋ、əŋ、iŋ、uŋ、yŋ → ãr、iãr、uãr、ə̃r、ĩr、ũr、ỹr。

(7) 韻母 u、y が児化した場合には、2つの音変形式がある。つまり u は ur、uer に、y は yer、uer になる。＜児化韻母表＞ではそれぞれ①、②を付けて示している。①は現代的な音変形式であり、②は当方言特有の歴史的な音変形式である。一般的に言えば、新しい言葉の児化音変はほぼ①形式を取る。次の比較を見よう。

     形式①   形式②

(小) 朱児（ɕiɔ55）tʂur213 (朱さん) (小) 猪児（ɕiɔ55）tʂuer213 (子豚)

(小業) 主児（ɕiɔ55iə213-21）tʂur55 (零細企業の主) (找) 主児（tʂɔ55-42）tʂuer55
                   (女性の結婚)

(画児) 書児（xuar312-31）ʂur213 (絵本) (属) 鼠児（su/ʂu42）ʂuer55 (鼠年)

北京音と他の官話方言では、韻母[i、y]と[u]の児化音変の形式が異なる。つまり、韻母[i、y]は児化した場合、それぞれ[iər、yər](i+ər、y+ər) となり、韻母[u]は[ur](u+r) となる。しかし、伝統的金郷方言の中では、i、u、y 三韻母の児化音変の形式はほぼ一致している。つまり、[i、u、y]＋er → [iər、uər、yər] となっている。また、ur、uer 音変と関係がある声母は中古音の知、荘、章の3組しかない。

2.2 児化音変と介音の i

児化音変は韻母介音の i の消失をもたらすことがあるが、児化音変の全体から見れば数はそれほど多くなく、また徐々に消えてなくなる傾向にある。したがって、これについては、児化の一般的規則として上述の＜児化韻母表＞に入れていない。しかし、これは当方言にみられるはっきりとした特徴なので、ここで補充説明を行いたい。

   基本音節   児化音節   語 例

   地 ti312   地児 trer312 月明地児 (月) 天地児 (日)

締 ti312　　　締児 trɛr312　　　締児締児 (やってみる)
蜜 mi213　　　蜜児 mɛr213　　　喫蜜児蜜児 (乳を飲む)
邊 piã213　　　邊児 pɛr213　　　上邊児 (上)　那邊児 (あそこ)
咩 miã213　　　咩児 mɛr213　　　羊咩児咩児直叫 (羊がメエメエと鳴いている)
点 tiã55　　　点児 trɛr55　　　一点児点児 (すこし)
店 tiã312　　　店児 trɛr312　　　孫店児 (村名)
天 t'iã213　　　天児 t'rɛr213　　　天児天児天児 (毎日)
丁 tiŋ213　　　丁児 trɚr213　　　一丁児丁児 (少し)
頂 tiŋ55　　　頂児 trɚr55　　　頂児上 (上)　屋頂児 (屋根)

以上の特殊な児化音変の形式を持つ語のすべては、金郷方言の中の基本語で、長い間、使われてきたものである。今になっても、これらの語は茫洋たる方言語彙のなかにあって、独特な郷土色としてときに用いられることがある。しかし、共通語（普通話）の一層の普及に伴って、地方色の強いこの特殊な児化音変の形式は、消失しつつある。

2.3　児化音変が声母に及ぼす影響

中国語の共通語及び各方言において、児化音変の現われ方はさまざまあるが、金郷方言では児化が声母まで影響を及ぼす。これは他の方言にはなかなか見られない特徴であり、3大類6小類に分けられる。

第1大類　単子音が複合子音となる

これは、以下の2種に分類できる。

第1小類：A → Ar

児化音変した場合、元声母 (A) の直後に閃音"r"を加える。当方言にある20の子音声母の中で、閃音"r"を加えられるのが次の9つである。つまり p, p', m, t, t', n, tɕ, tɕ', ɕ → pr, p'r, mr, tr, t'r, nr, tɕr, tɕ'r, ɕr。これらの児化音変した複合子音声母は、音節の構成上、韻母の条件と制限が、普通の声母と異なっている。次に、例を挙げて説明しておこなう。

　① pr, p'r, mr 三声母は斉歯呼の児化韻母のみと組み合わされる。
　　　(拉)　鼻児 prier42　　　(靠)　邊児 priɛr213　　　(閙)　病児 priɚr312

（臉）皮児 p'riɛr42　　（一）撇児 p'riɛr213　　（小）瓶児 p'riə̃r42
　　　（小）米児 mriɛr55　　（粉）面児 mriɛr312　　（出）名児 mriə̃r42
　② tr, t'r 二声母は開口呼、斉歯呼と合口呼の三種の児化韻母と組み合わされる。
　　　（小）胆児 trɛr55　　（油）燈児 trə̃r213　　（老）底児 triɛr55
　　　（羊）肚児 trur55　　（打）盹児 truɛr55
　　　（火）炭児 t'rɛr312　　（領）頭児 t'rour42　　（担）挑児 t'riɔr213
　　　（地）図児 t'rur42　　（抱）団児 t'ruɛr42
　③ nr 声母は開口呼の児化韻母のみと組み合わされる。
　　　（下）奶児 nrɛr55　　（不）孬児 nrɔr213
　④ tɕr, tɕ'r, ɕr 三声母は斉歯呼と撮口呼二種の児化韻母と組み合わされる。
　　　（皮）筋児 tɕriɛr213　　（馬）駒児 tɕryɛr213　　（花）巻児 tɕryɛr55
　　　（下）棋児 tɕ'riɛr42　　（合）群児 tɕ'ryɛr42　　（圓）圏児 tɕ'ryɛr213
　　　（捎）信児 ɕriɛr312　　（小）徐児 ɕryɛr42　　（鞋）楦児 ɕryɛr312

第2小類：A → Br

　児化音変した場合、破擦音声母 ts は破裂音声母 t に変わり、あわせて、顫音 r が加わる。この児化音変は現在では、たいへん珍しくなっており、[tsɿ·] という音節1つしか見出せない。次の比較を見てみよう。

　　　普通音節 tsɿ·　　　　　　　　児化音節 trer·
　　　小桌子 ɕiɔ55tsuə213-21tsɿ·　　　小桌子児 ɕiɔ55tsuə213-21trer·
　　　小妮子 ɕiɔ55n̩i213-21tsɿ·　　　　小妮子児 ɕiɔ55n̩i213-21trer·
　　　小姨子 ɕiɔ55i42-55 tsɿ·　　　　　小姨子児 ɕiɔ55i42-55trer·
　　　小富子 ɕiɔ55fu312-42tsɿ·（人名）　小富子児 ɕiɔ55fu312-42trer·

第2大類　第3小類：単子音Aが単子音Bにかわる。

　金郷方言の単子音系には、舌尖前音声母 ts、ts'、s、z があるが、それらと対応する舌尖後音声母がない。しかし、児化音変すると、すべての舌尖前音声母が舌尖後音の tʂ、tʂ'、ʂ、ʐ に変わってしまう。

　　　普通音節　　　　　　　　児化音節
　　　侄 tsɿ42　　　　　　　　 侄児 tʂer42

字 tsʅ312　　　　　　　　字児 tʂer312
章 tsaŋ213　　　（図）　章児 tʂār213
組 tsu213　　　　（小）　組児 tʂur213
猪 tsu213　　　　（小）　猪児 tʂuer213
荘 tsuaŋ213　　　（郷）　荘児 tʂuār213
詞 tsʅ42　　　　　（没）　詞児 tʂ'er42
車 ts'ə213　　　　（風）　車児 tʂ'ər213
槽 ts'ɔ42　　　　　（水）　槽児 tʂ'ɔr42
橱 ts'u　　　　　　（飯）　橱児 tʂ'ur42
葱 ts'uŋ213　　　（小）　葱児 tʂ'uə̃r213
串 ts'uā312　　　（羊肉）　串児 tʂ'uɛr312
絲 sʅ213　　　　（豆腐）　絲児 ʂer213
扇 sā312　　　　（芭蕉）　扇児 ʂɛr312
色 sei213　　　　（臉）　色児 ʂer213
鼠 su55　　　　　（属）　鼠児 ʂuer55
穂 suei312　　　（麦）　穂児 ʂuer312
仁 zə̃42　　　　　（杏）　仁児 ʐer42
瓢 zaŋ42　　　　（瓜）　瓢児 ʐār42
軟 zuā55　　　　（服）　軟児 ʐuɛr55

第3大類　児化音変が前後音節に及ぼす影響

　金郷方言では、児化音変の同化作用は児化した音節自体（韻尾、主母音、介音、声母など）のみならず、その前後の音節の声母にも影響を及ぼしている。影響は、前の音節の方により普遍的にみられる。詳しくは次の三種類に分けられる。

　第4小類：前の音節の舌尖前音声母（ts、ts'、s、z）が舌尖後音声母（tʂ、tʂ'、ʂ、ʐ）に変わる。

　それに対応して、韻母が舌尖前母音［ʅ］の場合、すべて舌尖後母音［ʅ̣］となる。

　　張（三）tsaŋ213（sā213）　　張（三児）tʂaŋ213（ʂer213）(狼の別名)

找（事）tsɔ55（sˌ312)　　　找（事児）tʂɔ55（ʂer312）(因縁をつける)
朱（楼）tsu213（lou42）　　朱（楼児）tʂu213（lour42）
爪（子）tsua55（tsˌ·）　　　爪（子児）tʂua55（tʂer·）
初（五）tsʻu213（u55）　　　初（五児）tʂʻu213（ur55）
虫（蟻）tsʻuŋ42（i55）　　　虫（蟻児）tʂʻuŋ42（ier·）
十（四）sˌ42（sˌ312）　　　十（四児）ʂʅ42（ʂer312）
樹（枝）su312（tsˌ213）　　 樹（枝児）ʂu312（tʂer213）
肉（刺）zou312（tsʻˌ312）　 肉（刺児）ʐou312（tsʻer312）
熱（鬧）zə213（nɔ）　　　　 熱（鬧児）ʐə213（nrɔr·）

第５小類：人によって児化した音節の前にある２つの音節、または前へ数えて２番目の音節の舌尖前音声母（ts、tsʻ、s、z）が舌尖後音声母（tʂ、tʂʻ、ʂ、ʐ）に変わる。

それに対応して、韻母が舌尖前母音［ ʅ ］の場合、すべて舌尖後母音［ ʅ ］となる。この古い児化音変の形は現在ではあまり見られず、現地の少数の村名と地名にしか用いられない。

　　張翟（荘）tsaŋ213-21tsei42（tsuaŋ213）　張翟（荘児）tʂaŋ213-21tʂei42（tʂuãr213）

　　周（大廟）tsou213-23（ta312-31miɔ312）　周（大廟児）tʂou213-23（ta312-31 mriɔr312）

　　張（暗楼）tsaŋ213-21（ã·lou42）　張（暗楼児）tʂaŋ213-21（ã·lour42）

第６小類：児化した音節の直後の音節の舌尖前音声母（ts、tsʻ、s、z）が舌尖後音声母（tʂ、tʂʻ、ʂ、ʐ）に変わる。

　　　前字が児化しない場合　　　　　　前字が児化した場合
　（走）扇（tsou55-45）sã·(行ったとき)　（毎児）扇（mer55-45）ʂã·(昔)
　（来）省（lɛ42-55）səŋ·(来るとき)　　（没事児）省（mei213-23ʂer312-42）ʂəŋ·(暇のとき)
　（制）啥（tsˌ312-31）sa·(何かをする)　（玩児）啥（uɛr42-55）ʂa·(何かで遊ぼう)

この音変形式は他の方言には見出せず、金郷方言にも数えられるほどしか見られない。

　ここで指摘しなければならないのは、上述の３大種類の児化音変の形式がみ

な旧派方言の読み方であるという点である。筆者は現地方言を調査している間に、これらの音変形式が新しい形式からの厳しい挑戦と攻撃にさらされていると感じた。大部分の老人（特に農村部の老人たち）は今でも旧派の音変のまま使用しているが、青少年たち（一部の中年を含む）はほとんどそれを使用せずに、まったく新たな音変形式（児化した音節の声母と元音節の声母とが一致する形式）を用いている。新たな音変形式は当地域にある政治、経済、文化の中心である済寧市区方言の影響を明らかに受けており、その方言の児化音変と同じ形を取る。一般的な中年（特に町の中年）は、しばらくの間は旧派方言音変の影響から脱却できないが、徐々に旧派形式と距離をとって、知らず知らずに新しい形式を使い始めているようである。したがって、旧派の音変形式が金郷方言から消失する日はもう間近であるといえる。

　金郷の児化音変は上述の特徴のほかに、重ね形の面でも共通語及び他方言と比べて異なる点がある。

　　　　試児試児 ṣer312-31ṣer· (試す)
　　　　個児個児 kər312-31kər312 (すべて、全部)
　　(鍋) 盖児盖児 (kuə213-21) kɛr312-42kɛr· (小さな鍋のふた)
　　(草) 棍児棍児 (tsʻɔ55) kuer312-42kuer· (草の茎)
　　(湯) 匙児匙児 (tʻaŋ213-21) tṣʻer55-45tṣʻer· (スプーン)
　　(樹) 枝児枝児 (su312-31) tṣer213-21tṣer· (樹の枝)
　　(瓜) 子児子児 (kua213-21) tṣer55-45tṣer· (西瓜の種)
　　(肉) 刺児刺児 (zȵou312-31) tṣʻer312-42tṣʻer· (ささくれ)
　　(頭髪) 絲児絲児 (tʻou42-55fa·) ṣer213-21ṣer· (髪の毛)
　　(熱熱) 閙児閙児 (zə213-21zə·) nɔ312-42nɔ312-42 (賑やかである)
　　会児会児会児 xuer312-31xuer· xuer312 (いつも)
　　天児天児天児 tʻiɛr213-21tʻiɛr· tʻiɛr213 (毎日)
　　個児個児個児 kər312-31kər· kər312 (全部、すべて)

このような用い方は山東省内他の地域方言にもあるが、北京音には少ない。

〈参考文献〉
  1. 銭曾怡主編　馬鳳如編著『金郷方言志』斉魯書社　2000年

2. 金郷県地方志編纂委員会編著『金郷県志』 三聯書店　1997年
3. 山東省地方志編纂委員会編著『山東省志・方言志』1995年
4. 李申編著　『徐州方言志』　語文出版社　1985年

『金瓶梅』の音声特徴と魯西南方言の音声

　明代の著名な小説『金瓶梅』(以下『金』と略)の言語面からの研究は、20世紀80年代以来、それまでにない研究者の関心と注目を集め、大きく推し進められたが、方言の語彙の研究に比べ、音声の研究は成果が少なく、しかも作品に用いられる南音と北音の問題ではかなりの見解の相違がある。"蘭陵笑笑生"というペンネームの『金』の作者はいったいどこの人物なのか？作品に多く使われている方言はどこのものなのか？いまでも見方は人によって異なる。資料の制約もあり、現段階の研究では、『金』の音声系統を細かくまとめることがまだできない。本文では、『金』に散見される明代方言音声の資料をまとめ、それらを山東南西部方言(俗に魯西南方言、李栄は中原官話区、銭曾怡は西魯小区という)の音声と総合的に比較し、両者が驚くほどの共通点をもつこと、そしてそれらの共通点には整然とした系統性があること、併せて他の方言ではほとんど目にすることがない強い排他性を持つことなどを明らかにする。関連する範囲は声母、音節、音韻変化など多くの方面に及ぶ。

1. 知、照系声母と精系(洪音)声母の合流

　『金』では、中古音の知、照二組の声母と精系洪音(開口呼と合口呼)との合流が、特に漢字の混用という形に表れている。次の二点は特に注目される。

1.1 動態助詞"着"と"子"の混用

　明清の口語小説では、動作の進行及び状態の持続を表す助詞は、一般的に"着"や"著"を用いるが、『金』では"着"と"子"を併用している。多くは"着"を用いているが、"子"も少なからず用いられている。

　Ｖ着形：
　(1) 手上使着两个丫头，一个小厮。(第7回)

(2) 怪老货，你不知道，与我一边坐着去！（第58回）
(3) 小炉匠跟着行香的走，琐碎一浪汤。（第68回）
(4) 我与你父亲相交，贤侄，你那咱还小哩，才扎着总角上学哩。（第93回）

V子形：

(5) 尼姑生来头光光，拖子和尚夜夜忙。（第57回）
(6) 只见管家的三步那来两步走，就如见子活佛的一般，慌忙请了长老。（第57回）
(7) 好的带累子歹的。（第91回）

明らかに、"V着"の"着"と"V子"の"子"は一つの動態助詞の二種の書面形式だと考えられる。つまり"V着"＝"V子"といえる。清代の山東籍の作家西周生の『醒世姻縁伝』にも似た表現があり、同じ文に"V着"と"V子"の2つの形式を用いたものもある。例えば第93回には"毎日要肥狗一只，烧酒五斤，大蒜一瓣，狗血取来浇坛洒泼，狗肉蘸子浓浓蒜汁，配着烧酒，攛在肚中。"とある。"蘸子"は明らかに"蘸着"を意味し、"配着"は"配子"にかえることができる。

現在でも魯西南方言の大部分は、この動態助詞を[tsʅ·]と発音している。例えば錢曾怡（1995）主編、張鶴泉編著『聊城方言志』には、例外なく"子"[tsʅ·]と表記されている。

  跟子爹爹还好过，就怕爹爹寻后娘。（p.181）
  隔子墙摺菠箕——还知道仰子合子哩。（p.189）
  坐旁边歇子去啦。（p.195）
  白胡子老头看子大伙儿正作难哩……（p.195）

また、錢曾怡（2000）主編、馬鳳如編著『金郷方言志』の文法部分では、"子"の特徴及び用法についてとくに説明を加えている。「今でも、金郷方言では動作行為の持続態を表す助詞として、依然として"子"が多く使われ、"着"はあまり使われない。方言の"子"の用法は普通話の"着"とほとんど区別がなく、普通話で用いられる"着"は、方言ではほとんど"子"でかえることができる。」そして"動詞＋子"形と"形容詞＋子"形の例を列挙し、比較をおこなった。また、東平方言の"他正吃仔饭哩"、"这电影好仔哩"（『山東省志方言志』p.565）のように、この動態助詞を"仔"[tsʅ·]と表記しているものもある。注目すべき

点として、この動態助詞は現在も [tsʅ·] と発音されているが、表記では"着"を用いることが多くなり、"子"はあまり使われなくなったことがあげられる。例として『山東方言辞典』に収録された曲阜方言の"那么着"(p.488)、「陽谷方言の"順着杆子爬"(p.382) などがあるが、これらの場合にも"着"の実際の発音は [tsʅ·] である。

『金』で、この動態助詞の表記について"着"と"子"を併用し、どちらかに統一しなかったのは、次にあげる理由からだと考える。"子"を使ったのは、作者が自身の母語方言の音声特徴を特に強調するためで、かりに、すべてに"着"を使ってしまえば、方言のこの特徴を表現できなくなる。また、すべてに"子"を使えば、作品の地方的特徴は表現できるが、作品が理解しにくくなり、誤解を招いたりする可能性もある。したがって、"着"と"子"の併用は決して偶然ではなく、作者が苦心して処理した結果だと考えられる。他の混用の現象についてもこのような解釈が可能である。

1.2 語素、他の単語の混用

知、照両系声母と精系洪音声母との混用は語素及び他の単語でも多く見られる。例えば、次の (8) ~ (14)。

(8) 争奈武二那厮……他见前后没人，便把言语调戏我。(第1回)
(9) 若一醉了，便不知天好日暗，一些兴子也没有了。(第57回)
(10) 从新递酒上座。(第60回)
(11) 一面起来，慢条斯理，撒腰拉裤，走来见妇人，只顾依着炕儿揉眼。(第73回)
(12) 武松道："只要心口相应，却不应心头不似口头。"(第2回)
(13) 王六儿道："还有大是他的，采这杀才做啥做。"(第99回)
(14) 武松……就血泊中双手来捉时，那里提的动，原来使尽了气力，手脚都疏软了。(第1回)

(8) 中の"争奈"は実に"怎奈"で、「しょうがない」を意味する。現在の魯西南方言（例えば聊城、蒼山、陽谷、金郷、曲阜など）でも"怎"を [tsəŋ55] と発音し、"争" [tsəŋ213] とは声母も韻母も同じである。また、第8回では"緊自他麻煩人"の中の"緊自"は"緊着"で、"緊子"と表記されている（『金郷方言志』p.142を参照）。これは上述した動態助詞の"着"と"子"の関係と似

ている。(9) 中の"兴子"は、実際には"兴致"である。(張恵英 1993『金瓶梅俚俗难词解』p.221 を参照)。現在の方言では"子"と"致"は、声母も韻母も同じく、[tsɿ] と発音する。

(10) 中の"从新"は明らかに"重新"である。"从"については、現在の方言では二種の読み方がある。済寧、曲阜では、[tsʻuŋ42] と読み、"重"と同音である。また、金郷、菏澤の"从前"の"从"のように [tɕʻyŋ42] と読む。これは、"穷"と同音である。

(13) 中の"是"は例 (12) 中の"似"と同じく [sɿ312] と読み、"大是"は"大似"であり、"大于"、"大过"(……より大きい) の意味を表す (李申 1992『金瓶梅方言俗語匯釈』p.52 を参照)。現山東省南西部の方言には、この"A 似 B"のような比較文型が残っている。錢曾怡 (2000) 主編・馬鳳如著『金郷方言志』には"他大似你"、"生活一天好似一天"(p.180) などの例が示されている。また、つぎの"比是"の"是"も"似"である。"老婆道：'呸，贼没算计的！比是搭月台，买些砖瓦来盖上两间厦子，却不好？'"(第 48 回)。別の言葉で表現すれば、"比起搭月台来，买些砖瓦盖上几间厦子，岂不更好！"となる。

(11) 中の"撒腰"は、文脈からみれば、"系紧腰带"(帯をしっかりと締めること) と判断できる。この"撒"が"煞"であることは、李申 (1992) の『児女英雄伝』と『醒世姻縁伝』の比較研究によって証明された。現在の山東省南西部方言では"撒"と"煞"はともに [sa213] と発音している。"杀"で表記する場合もある。例として済寧方言の"杀麻⊂sa ⊂ma"(『山東方言辞典』p.38)、"杀裤裆⊂sa kʻu⊃ ⊂taŋ"(『山東方言辞典』p.208) がある。

(14) 中の"疏软"は弱々しくて力がないという意味を示し、実際は"酥软"である。『水滸伝』37 回に"宋江和两个公人听了这首歌，都酥软了。"という表現がある。また、"苏软"とも表記される。聶紺弩『独夫之最後』に"紂王：看见过我的妲己吗？那真是天生的尤物，人一看见她，就浑身都苏软了。"とある。現魯西南方言では"疏""酥""苏"はいずれも [su213] と発音する。

以上の分析から、『金』に見られる中古音知、照系声母と精系洪音声母の合流は現在の魯西南方言の表れかたと一致していることがわかる。また、次の表に示すとおり、現在の方言の状況からみれば、合流後の声母は、『金瓶梅』の音声系統においては舌尖前音 ts、tsʻ、s となっていると考えられる。

声母比較表

例字 区域	着——子 争——怎		重——从子		是——似 疏——酥	
北京音	tṣ -	ts -	tṣ' -	ts' -	ṣ -	s -
魯西南方音	ts -	ts -	ts' -	ts'/tɕ' -	s -	s -
『金』音	ts -	ts -	ts' -	ts' -	s -	s -

2. 助詞"的"の読み方

『金』には構造助詞"的"と"里"の混用もひろく見られる。多くの場合は"的"を用いているが、"里"を用いることもある。

A的B類：

(15) 你原来干的那茧儿。（第13回）
(16) 你这个堕业的众生，到明日不知作多少罪业。（第19回）
(17) 真是攮气的营生。（第45回）

A里B類：

(18) 金莲道，那是大伙里酒，不算。（第40回）
(19) 我难道醉了。你偷吃了，一径里滦混我。（第73回）
(20) 李瓶儿道，妈妈子，不亏你这片嘴头子，六月里蚊子，也钉死了。（第37回）

比較して分かるように、"A里B"類の"里"と"A的B"類の"的"はともに構造助詞なので、作品中の"A里B"と"A的B"は完全に一致する。具体的に言うと、"大伙里酒""六月里蚊子"は、それぞれ"大伙的酒""六月的酒"である。同様に"一径里滦混"も"一径地滦混"である。現在の魯西南方言では、構造助詞（"的"、"地"、"得"）のすべて及び語気詞の一部はほとんど"里"[li·] と発音されている。銭曾怡（2000）主編した『金郷方言志』の"語料記音"の章には、"的"、"地"、"得"など構造助詞及び語気詞の発音が次のように表記してある。

大的 [li·] 都上学啦。(p.195)
张先生看病——够治的 [li·]。(p.206)
特意地 [li·] 大声说……（p.211）

豆腐掉到灰窝里――吹不得 [li·]，打不得 [li·]。

実際の発音から、上述の"的"、"地"、"得"はすべて"里"と表記することもでき、この現象は『金』と完全に一致する。また、"呗儿呗儿的"（『山東方言辞典』p.341）、"冷嗤嗤的"（同前p.469）"跳大神的"（同前p.165）は、菏澤、曹県、陽谷などの地域の方言では、それぞれ、[ləi·] 或いは [lei·] と発音する。

助詞"的"の発音比較表

区域 \ 例字	的1 (的)	的2 (地)	的3 (得)	的4 (語気詞)
北京音	tɤ·	tɤ·	tɤ·	tɤ·
魯西南方音	li· ləi· lei·	li· ləi· lei·	li· ləi· lei·	li· ləi· lei·
『金』音	li·	li·	li·	li·

説明：『金瓶梅』では、助詞"的"が広く使われ、補語の前の"的"と"得"の混用以外に、ほとんど"的"を用いている。

3. 照系摩擦音声母合口呼字と非組声母字の合流

『金』は照系摩擦音声母合口（現北京音で[ʂ]声母合口）の漢字の特殊な表記が少数であるが、見られる。特徴として、声母が[f]となり、非組声母の漢字で表記されていることがあげられる。次の例を見よう。

(21) 我买将你来扶侍我，你不愤气，教你做口子汤，不是清淡，就是苦丁子咸。（第94回）

(22) 他两个一二日也要来与你服个礼儿，解释解释。（第72回）

(23) 西门庆道，我叫他只顾来，平白服甚礼。（第72回）

(21) 中の"不愤气"は"不顺气"である。現在の方言に"气不愤"という言い方があるので"不愤气"を"气不愤"と解釈し、"憤慨"の意を示すという考え方もあるが（李申1992参照）、現在の魯西南方言の実際から見れば、照系摩擦音声母の合口呼は広い地域でｆ声母と発音されているので、"不愤气"は"不顺气"の可能性が高く、現在の方言に見られる"气不愤"も"不顺气"から生まれたと考えられる。

また、(22)、(23) 中の"服礼"は謝りや許しや願いなどの意味を表しているので、"服"は"恕"だと考えられる。『山東省志方言志』では魯西南方言でのこの特徴を次のようにまとめた。「普通話でtʂ、tʂʻ、ʂ声母合口呼の字は……南西区の泗水、滕州、棗荘及び中済小区の新泰などの方言ではすべてpf、pfʻ、fと発音し、相応する韻母は開口になるが、uは変わらない。例えば棗荘では猪⊂pfu、追⊂pfe、庄⊂pfaŋ、吹⊂pfʻe、疮⊂pfʻaŋ、双faŋ、水⊂fe、説⊂fə、树fu⊃と発音する。泗水、滕州、棗荘の東にある新汶、平邑、費県、蒼山、郯城等地域、西にある微山、単県、曹県、成武、定陶、菏澤、巨野、鄆城、梁山、陽谷等地域では普通話のʂ声母（中古荘章組の摩擦音）の合口呼の漢字音がfとなるだけで、普通話のtʂ、tʂʻ声母（有気と無気の破裂音）の合口呼の漢字音は、その他の中古音知荘章組の漢字と同じく、tʂ、tʂʻ或いはts、tsʻと発音する。」(p.61)。

照系摩擦音声母合口呼字と非組声母字比較表

発音例字 場所	服	恕	愤	順
北京音	⊂fu	ʂu⊃	fən⊃	ʂuən⊃
魯西南方言音	⊂fu	fu⊃	fẽ⊃	fẽ⊃

4. 特殊な児化音変

『金』には大量の児化した語彙が使われているが、これは、作品が持つ北方方言の特徴を際立たせている。特筆されることとして、明代の方言の児化音変の貴重な資料が残されている点があげられる。(24)〜(26) を比較してみよう。

(24) 本县有个小的，年方十五六岁。(第4回)
(25) 你把南边新治来的那衣裳……只顾放着，怎生小的儿也怎的？(第40回)
(26) 只见远远的望见那黑 影儿头有一个小的儿来也。(第57回)

"小的儿"が示しているのは子供あるいは小さなものであり、親しみをこめた

語気が感じられる。(25) 中の"生小的儿"は修飾的用法で、動物が子を産むことを比喩しているので、文中の"小的儿"は小さなものを示す。また、(26) の中の"小的儿"は小さい男の子を示す。現在の魯西南方言でも依然として"小的儿"という特別な言い方は残っており、意味も『金』とほぼ一致する。ここで特に注意したいのが、上述したように『金』では"的"と"里"が多く混用されたが、この"的儿"[trer·] は"里儿"[lir·/lier·]にかえることができず、特別な児化音変に属する。次に金郷方言を例にして、魯西南方言の"的儿"はどこから生まれたか検討したい。

li·	trer·	lir· / lier·
大里(大的)	* 大的儿	* 大里儿
小里(小的)	小的儿	* 小里儿
长里(长的)	* 长的儿	* 长里儿
短里(短的)	* 短的儿	* 短里儿

tsʅ·	trer·	tʂer·
小子	小的儿	小子儿
妮子	妮的儿	妮子儿
孙子	孙的儿	孙子儿
儿马蛋子	儿马蛋的儿	儿马蛋子儿
布拉条子(布条)	布拉条的儿	布拉条子儿

　上述の"的儿"はすべて軽声で発音し、大部分は語尾"子"音節の児化に由来し、少数は"的字構造"の"的"音節の児化に由来する（一般的に"小的儿"に限り）。"小的"は、作品ではたびたび謙遜の意味を表している。たとえば第50回に"童応诺：小的知道了。"とある。ただし、"的"の２つの来源及び作品の中での児化語と非児化語の混用状況から分析すると、(24) 中の"小的"と(25)、(26) の中の"小的儿"とは同一の音声構造が２つの書面形式として示されているということは容易に理解できる。これについては次の例などもあげられる。小厮儿——小厮、玳安儿——玳安、书童儿——书童、薛嫂儿——薛嫂。児化音変が声母まで影響を及ぼしてしまうのは魯西南方言の大きな特徴である。詳しくは銭曾怡（2000）、馬鳳如（1984）を参照。

児化音変比較表

発音場所 \ 例字	小的	小的儿	小子	小子儿
北京音	tɤ·	無	tsʅ·	tser·
魯西南方音 (A)	li·	trer·	tsʅ·	trer·/tʂer·
魯西南方音 (B)	li·	ter·	tsʅ·	ter·/tʂer·

説明：地域によって、魯西南方言の児化音変はA、B二つに分けられる。Aは金郷、単県、魚台、成武、嘉祥、菏澤、陽谷などを含み、Bは済寧、曲阜、兗州、泰安などを含む。『金』ではAとBのどちらで発音するか、断言は難しいが、Aの可能性がやや強いであろうと考えられる。

5．その他の同音字

次にあげる数組の同音字の発音は魯西南方言に限定されたものではないが、魯西南方言では頻繁に用いられるので、説明を加える必要があると思う。

5.1 "踏、扠、插、查"の発音

(27) 这武松……横拖着防身哨棒，浪浪沧沧，大扠步走上岗来。（第1回）

(28) 不想我两步三步扠进去，諕得他眼张失道,于是就不言语了。（第72回）

(29) 只见武大从外裸起衣裳，大踏步直抢入茶坊里来。（第5回）

(30) 把蒋竹山倒踏门招进来，成其夫妇。（第17回）

(31) 单管嘴尖舌快的，不管你事，也来插一脚。（第43回）

(32) 一个大家闺门女子，好歹不同，也等教媒人慢踏看将来。（第36回）

例(27)中の"大扠步"が(29)中の"大踏步"と混用されていることから、"扠"と"踏"は同音であることがわかる。(30)の"倒踏门"は"倒插门"、(32)

の"踏看"は実際は"查看"だと考えられる。これらの混用から、『金』の音声系統において、踏＝扠＝插＝查は同音字であるといえる。現在の魯西南方言も同様にすべて [tsʻa] と読んでいる。

5.2 "剛"と"将"

(33) 怎生缠得娘大？柳条比来剛半扠。（第26回）

(34) 琴童道："娘们来了，又被乔亲家娘在门首，让进去吃酒哩，也将好起身。"（第46回）

(35) 也是合当有事，剛睡下没多大回，约一更多天气，将人才初静时分，只听得后边一片声叫赶贼。（第26回）

作品中には、副詞の"剛"と"将"の混用された例がこのほかにも多く見られる。(35)のように1つの文に両方をともに用いることもある。これらを通して、中古見組声母が『金』の方言系統の中でどのように変遷、発展したかを考察することができる。現在大部分の魯西南地域の方言（臨沂、郯城、東明、臨清など）では、"剛"、"剛剛"及び"剛才"の"剛"をすべて"将" [tɕiaŋ213] と発音する。また"剛"と"将"をそれぞれ [kaŋ213]、[tɕiaŋ213] と発音する地域（済寧、単県）もある。しかし"将"が基本的な口語音であるということには違いはない。

5.3 "嚣"と"羞"

(36) 故意连我、嚣我、讪我又趋我。（第38回）

(37) 姐姐，你不出去待他，却不难为嚣了人。（第51回）

(38) 周大人送来，咱不好嚣了他的头，教他相相除疑罢了。（第29回）

文脈から判断して、"嚣"は"羞"である。(36)中の"嚣我"は私を辱めるという意味を示し、そのほかの"嚣人"、"嚣头"の"嚣"も"恥ずかしがらせる"や「恥をかかせる」という意味を表す。現在の魯西南の広い地域では『金』時代と同様に、"羞"と"嚣"は同音で、[ɕiɕ213] と発音している。（『山東方言辞典』p.301、『金郷方言志』p.29 を参照）

作品の中には、上述したような、現代方言にもみられる同音字（語）がほかにもあるが、紙幅の都合により、いちいち列挙することはできない。

以上の比較分析から、『金』作品の方言語彙にみられる明代の山東方言の音声

の特徴は、現代の魯西南方言の特徴と予想以上の共通性を持つことが分かった。両者の間には、時代が数百年経ても、古代音と現代方言音がこれほど密接な関係を保っていること、特に双方に共通する特別な児化音変、照系摩擦音声母合口呼と非組声母の合流、そして"的"と"里"の混用など、他の方言にはほとんどない現象が見られる。したがって、『金』の方言語彙と現在の魯西南方言が、同じ地域の方言でもなく、内部の繋がりもなく、偶然に一致していると解釈することはできない。ここでは、『金瓶梅』の著者"蘭陵笑笑生"の出身地が、魯西南の古蘭陵かどうかは論じないが、作品にみられる大量の音声上の特徴は、確かに李栄先生が言われたとおり明代の"中原官話"である。もちろん、この"中原官話"の範囲は山東省の南部、西部に限定されず、厳密に言えば、その地域と境を接している河南省北東部、江蘇省北西部及び安徽省北部の地域を含んでいる。ただし、魯西南地区の方言が『金』の方言ともっとも密接な関係があるのは明らかである。

〈参考文献〉

1. 蘭陵笑笑生著　『金瓶梅詞話』（明万歴版影印本）
2. 銭曾怡主編　張鶴泉著『聊城方言志』　語文出版社　1995年
3. 銭曾怡主編　馬鳳如著『金郷方言志』　斉魯出版社　2000年
4. 山東省地方史志編纂委員会編『山東省志・方言志』　山東人民出版社　1995年
5. 董紹克・張家芝主編『山東方言辞典』　語文出版者　1997年
6. 馬鳳如『金瓶梅中的山東方言詞彙考証』　山口県立大学大学院論集1号　2000年
7. 李申『金瓶梅方言俗語彙釈』　語文出版社　1992年
8. 張忠英『金瓶梅俚俗難詞解』　社会科学文献出版社　1992年
9. 西周生著『醒世姻縁傳』　春風文藝出版社

『金瓶梅』における山東方言語彙の考証

　中国文学の歴史の上では明代に現れた白話文小説である『三国志』、『水滸伝』、『西遊記』、『金瓶梅』は四大奇書と呼ばれている。そのうち『金瓶梅』がもっともなぞの多い作品である。それは２つの原因が考えられる。第一に、作者が不明である。ペンネームの"蘭陵笑笑生"は一体誰であろうか？どこの出身の者であるのか？いまだに意見は分かれている。第二に、『金瓶梅』に使われた言葉は白話文のものであるが、その基礎は山東方言（主に山東南西部の方言）である。作品の至るところには方言語彙、地方の慣用語句、ことわざなどが多く現れたことは、作品が成功した要因の一つであるが、方言語彙、地方の慣用語句などが多く、また難解であるため、作品の研究や閲読に極めて不都合である。本考証は、山東方言に今も見られる方言語彙を選んで、分析、考察していく。

　作品に現れた多くの山東南西部の方言語彙から見れば、蘭陵笑笑生は山東省南部の古蘭陵（現・山東省蒼山県蘭陵鎮）人だと考えられる。その地域の出身者で、長い間そこで暮らしていなければ、当地の風俗、習慣作法などをこれほど詳しく表現したり、多くの山東方言を巧妙に使うことは絶対に不可能であろう。筆者は山東省に生まれ育った者なので、作品の中の多くの生き生きした方言の語句に対して非常に懐かしく思う。

　本考証は現代語から古代語への考証する伝統的なやり方とは逆に、古代語から現代語へと考察を進める。具体的な方法としては『金』から取り出した明代の方言の語句を現在の山東方言と比較し、検証する。意味、音声、文法及び文化などの面から長い間山東方言の中で活躍していた300余りの語句を分析し、その共通点と相違を探求する。

　『金瓶梅』の方言語彙は山東南西部方言の音声特徴を反映している。中古音の精組（洪音）の声母（舌尖前音 ts、tsʻ、s）と知組、荘組、章組の声母（舌尖後音 tʂ、tʂʻ、ʂ）が混用され、助詞である"着"と"子"も常に混用されていることは明らかである。これによって、著者の母語方言には舌尖音声母が一組しか

なく、中古音の知組、荘組、章組の声母はすでに精組(洪音)声母と合流し、舌尖前音(ts, tsʻ, s)となったと考えられる。現山東南西部(単県、金郷、成武)の方言にも同じ表現がある。"児化"という音声変化の面では、"児化"により声母まで影響を及ぼすというような他の方言で珍しい現われ方をすることが確認された。例えば"子"音節が児化すると、"的児"(tsʅ+er→ter)になる。この表現は現金郷方言とほぼ一致する。

文法の面では、地方の特徴を持つ多くの語彙を除いて、文成分の重ね型や、句成分の重ね型などのようなさまざまな特徴も現れている。また、『金』の方言語彙から山東「魯の文化」の香りを放っていることも注目されている。山東省の風俗、習慣などの研究に重要な価値があると思われる。

本考証での配列は回によって並べる。具体的な語句の考証はおおよそ次のとおりである。「①原文、②方言語句、③発音、④語彙の品詞、意味、⑤日本語訳、⑥通用される地域、⑦現方言でのその他の言い方の補充、⑧必要に応じて現方言を挙例。また、音声表記の面では、特に説明がなければ、魯西南地域方言を代表される金郷方言の音声体制を基準とする。表記はすべて国際音声記号(IPA)を用い、調値は数字で示すこととする。

第一回

1) 知県見了……心中自忖道,不恁地,怎打得这个猛虎。
   恁地 [nəŋ42ti42]：副词,"那么地"的合音,即如此,那样〈そうする、そのようになる〉今见于鲁西、鲁南。"不恁地"表示假设意义,即"如果不是这样……"。

2) 使得这汉子口儿里自气喘不息。
   使 [ʂʅ55] (济南)：形容词,即累〈疲れる〉。今见于鲁中、鲁南、鲁北等地。
   济南话例：干了一天活儿,乔～得慌。

3) 原来金莲……常与他合气。
   合气 [kə213-23tɕʻi312]：动词,即吵架、闹气〈けんかをする、口げんか

4) 着紧处就是锥扎也不动。

　　着紧 [tsuə42yçiē55]：形容词，即紧要、当紧〈緊要である〉。今见于鲁西、鲁南、鲁中。今方言还有"吃紧"、"吃当紧"等说法。"着紧处"即紧要关头，关键时刻〈瀬戸際である〉。

5) 若是武大这般，虽是好杀也未必有几分憎嫌。

　　好杀 [xɔ55-45ʂa·] (潍坊)：形容词短语，即好到了极点〈たいへんすばらしい〉。补语"杀"表示程度的极限，有时写作"煞"，语义上与普通话中做补语的"死"相同。今见于鲁中地区。潍坊话例：饿杀我咧（饿死我了）、活活累杀人（活活累死人）。

6) 过后有了，再治不迟。

　　过后 [kuə312-31xour312]：时间名词，即以后、今后〈今後、あと〉。今见于鲁西、鲁南、鲁中、鲁北等大部分地区。

　　治 [tsʅ312]：动词，即置办、做〈購入する、やる〉。通用于鲁西、鲁南。鱼台话例：老辈里也没给没给～多些过活儿（过活：家产）／你～啥去？

7) 武二新充了都头，逐日答应上司。

　　答应 [ta213-21iŋ·]：动词，即伺候、侍奉、照顾〈世話をする、かしずく〉。今见于鲁西、鲁南。今方言中，该词的意义范围缩小了，动作的对象主要限于病人和老人。金乡话例：他姥娘不大好哩，我～几天去。

8) 奴家见他……蝶里蝶斜，也不靠他。

　　蝶里蝶斜 [tiə42-55li·tiə42-23çiə42-213]：形容词，含贬义，比喻行为不稳重或故意在人们面前显示自己〈軽薄である、自分をひけらかす〉。今见于鲁中、鲁南。今方言又说"蝶蝶斜斜"、"癫癫痫痫""痫痫"。

9) 乞邻舍听见笑话。

乞 [tɕʻiə312]：心理动词，即担心、恐怕〈心配する、恐らく〉。今见于鲁西、鲁南。济宁话例：这人崩恶，整个庄上没有不～他的。又可写做"怯"。

邻舍 [liẽ42-55ʂẽ·] (济南)：名词，即邻居〈お隣さん〉。今见于鲁中、鲁北。济南又称"邻舍家"，"舍"读若"神"，轻声。

第二回

10) 不是那偎脓血，搠不出来鳖。

偎脓血 [uei213-21nuŋ·ɕiə213]：名词，含贬义，即窝囊废〈不甲斐ない人〉。今见于鲁西、鲁南。"偎脓"与"窝囊"音近，可能由"窝囊"演变而来。形容词"偎脓"加上名词"血"构成的语言形式所表示的是"十分窝囊的人"。

11) 软浓浓白面肚脐儿。

软浓浓 [zuã55nuŋ·nuŋ213]：形容词，即软乎乎〈やわらかい〉。今见于鲁西、鲁南。原义表示触觉（以手触摸脓包的感觉，不含贬义），"浓"实为"脓"。今方言还有"软脓"之说。金乡话例：这发面馍馍哩，没牙的也咬动喽。

12) 我破几两银子谢他，也不值甚的。

不值甚 [bu213-21tsʅ42-55sa·]：形容词短语，即算不了什么〈構わない〉。今见于鲁西、鲁南、鲁中。"甚"与"啥"音近，今方言多作"不值啥"。单县话例：中学生写封信～。

13) 干巴子肉翻包着菜肉扁食，焦窝窝，蛤蜊面。

干巴子 [kã213-21pa·tsʅ·]：形容词，即干巴，略含贬义。今见于鲁西、鲁南。"干巴子肉"义即"干巴得不成样子的肉"。

扁食 [piã55-45sʅ·]：名词，即饺子〈ギョウザ〉。今见于鲁西、鲁南。金乡话例：圆食不抵～，站子不抵仰子。（仰子：躺着）

14) 你这两日，脚步儿勤，赶趁的频。

赶趁 [kã55-45tsʻẽ·] 动词，即操劳、忙活〈苦労する、世話をする〉。今见

于鲁西、鲁南、鲁中。方言中还有"赶扯"、"赶缠"等说法，与"赶趁"义同。三者的后字均轻声，"赶扯"[kā55-45tsʻə·]因同化而成为"赶趁"[kā55-45tsʻē·]"赶缠"[kā55-45tsʻā·]。济宁话例：活儿不重崩～人。

15) 讨得一张半张桌面，倒是正景。

正景 [tʃiŋ42-31tɕiŋ44]（莱西）：名词，即实际、正经事〈正当である〉。今见于鲁中、鲁北。莱西话例：他今儿这，明儿那，没个～。"景"在今方言中可单用，表示可能、希望之义。胶州话例：头两天说的那个事没景儿啦。（没景儿：没希望）。

16) 一者缘法撞遇，二者来的正好。

缘法 [iā42fa·]：名词，即缘分〈縁〉。今见于鲁西、鲁南等地。"法"与"分"音近，且均读轻声。"缘"方言读 [iā42]，"缘法"同"严法"。济宁话例：俺俩没～，见了面就丁当。（丁当：争吵）

17) 王婆买了见成的肥鹅烧鸭。

见成 [ɕiā312-31tsʻəŋ42]：形容词，即现成〈既製の、できあいの〉。今见于山东大部分地区。鲁西南还有"见现成"之说。济宁话例：咱这是见现成的，拿几个给孩子玩去。

第四回

18) 王婆一面把门拽上……当路坐了。

当路 [taŋ213-23lu312]：名词，即道路当中〈道路の真中〉。今见于鲁西、鲁南。今方言又称"当路子"、"劈当路子"、"路当当儿"、"路当不间"之说。用"当"组合成的词还有"当院子"、"当门"、"当街"等。

19) 这咱晚武大还未见出门。

这咱晚 [tsə312-31tsā55-42uɛr55]：时间名词，即这时候〈そのとき〉今见于鲁西、鲁南、鲁中等地。从语音上看，"咱晚"和"早晚"原本一致，但在

今方言的用法上略有不同。具体表现如下："早晚"是疑问词，可以单用，如"你早晚走？"而"咱晚"不能单用，表疑问时前面需要加上"多"字，如"你这趟走喽多咱晚回来？"至于"这咱晚儿"、"那咱晚儿"则与"这早晚儿"、"那早晚儿"在语义和用法上都是一致的。（参见27）

20）吩咐迎儿好生看家。

　　好生 [xɔ55səŋ213]：副词，即好好的〈ちゃんと〉。今见于山东大部分地区。后面大多可加动态助词"地"或语气词"的"，并且多伴有儿化。金乡话例：正～的，你生的哪家气？／小两口～地过，甭闹乱子。

21）若不听我说，打你这小贱人下截来。

　　听说 [tʻiŋ213-23suə213]：有两种语义，①动词短语，即听人说〈耳にしている〉。②形容词，即听话〈聞き分けがよい〉。今见于鲁西、鲁南。本文表示的是后者。至今鲁西南人把"听话"叫作"听说"，一般用于孩子，有时用于妇人。单县话例：这孩子不～，光知道怪。

　　下截 [ɕia312-31tɕiə42]：名词，即下半截〈下の半分〉。今见于鲁西、鲁南等地。本文指下半身。

22）如蛇吐信子一般。

　　信子 [ɕiẽ312-42tsɿ·]：名词，原指夹在圆形物或两物中间的细薄捻子，如灯捻子，又特指蛇之舌（形如薄捻子）。今鲁西、鲁南方言称蛇的舌头为信子。此处比喻人的舌头〈舌〉，含贬义。

23）呜咂有声。

　　咂 [u213-21tsa·]：动词，指吞食有声之状，此处表吮吸之义（パジパジする〉。今见于鲁西、鲁南。菏泽话例：没牙了就是不沾弦，一块馍馍～喽半天都没咽下去。

24）本县有个小的，年方十五六岁。

　　小的 [ɕiɔ55-45trer·]：名词，实为"小子儿"的音变，即男孩子〈男の子〉。

今见于鲁西、鲁南。又称"小小的儿"。另外，今方言又指小东西。〈小さなもの〉，与"大的"相对。"子"儿化后变为"的儿"（tsʅ+er→trer），这是典型的鲁西南方言的特点。

25) 如常得西门庆斋发他写盘缠。

如常得 [zu42tsʻaŋ42-55liˑ]：时间名词，即时常、平常〈ふだんのとき〉。今见于鲁西、鲁南。今方言中助词"的、地、得"以及语气词"的"仍读作 [liˑ]，因此"如常得"多写作"如常里"。单县话例：他～十天半月不来家一趟。

26) 西门庆刮剌上卖炊饼的武大老婆。

刮剌 [kua213-42laˑ]：动词，贬义，指男女勾搭〈私通する〉。又写作"挂拉"，今见于山东大部分地区。

27) 这早晚多定只在那里。

这早晚 [tsə312-31tsɔ55-42uer55]：时间名词，即这时候〈このとき〉。（参见19）

多定 [tuə213-21tiŋˑ]：副词，即多半、肯定〈たぶん、恐らく〉，表示说话者主观判断。今方言又称"指定"。胶州话例：他今日～能来。

28) 半点也没多落在地上。

多落 [tuə42luəˑ]：动词，即散落、拆散〈ぱらぱらになって落ちる、ぱらぱらにする〉。一般指绳索、线丝等细长物。同普通话的"抖落"，但鲁西南、鲁中等方言至今仍用"多落"。金乡话例：扎腿带子～开了／把线～～。

29) 你敢大声，大耳刮子打出你去。

耳刮子 [er55kua213-21tsʅˑ]：名词，即巴掌、耳光〈手、手の平〉。今见于山东大部地区。"大耳刮子"即重重的打耳光。单县话例：我一～下去，就五个手指头印子。

第五回

30) 武大……迎见郓哥提著篮儿在那里张望。

　　迎见 [iŋ42-55tɕiã·]：动词，即遇见〈出会う〉。今见于鲁西、鲁南。济宁话例：谁知道将出门～你来。

31) 那妇人……做手脚不迭，先奔来顶住了门。

　　不迭 [pu213-21tiə42]：包括"V不过来"〈やりきれない〉和"顾不上V"、"来不及V"〈間に合わない〉两种意义。作补语时，如："吃不迭"、"忙不迭"，大都表示"V不过来"之义，少数表"非常"义，如"慌不迭"、"巴不迭"（求之不得）。作状语或单独作谓语时，一般表示"顾不上"之义。单县话例：他正忙著哩，～里来。

32) 把些小意思贴恋他。

　　贴恋 [tʻiə213-21liã·]：动词，实为"贴怜"，原义是因怜悯而体贴、资助〈援助する、思いやる〉。今见于鲁西、鲁南。金乡话例：这娘们不～前窝里孩子。／时里早晚他也～俺几个钱儿。（时里早晚：偶尔）

33) 叫王婆赎得药来，把到楼上。

　　把 [pa55]：动词，本文表拿之义〈持つ〉。今见于鲁中。"把"在普通话中是介词，没有动词的用法，但在方言中，"把"的动词用法仍很普遍。潍坊话例：我～你个小子！（表教训之义）在鲁西南方言里面，"把"的动词用法已较为罕见，仅剩一种语义（"操"）残留在骂语里，如：～你个亲娘！此时的"把"读作 [pɛ312]。

34) 那婆娘却又号号地假哭起养家人来。

　　养家人 [iaŋ55tɕia213-21zẽ42]：名词，指一家之主、养家糊口的男人〈亭主、主人〉。今见于鲁西、鲁南、鲁中。方言又称"领家人"、"外头人"。

第六回

35) 不幸昨日三更鼓死了。

鼓死 [ku55-45sʅ·]：动补短语，即涨死〈お腹が張って死亡する〉。见于山东大部分地区。"鼓"应为"臌"，旧时有"水臌"（腹水）、"气臌"（气涨）等疾病，时为不治之症。

36) 灵床子前点一盏琉璃灯。

灵床子 [liŋ42tsʻuaŋ42-55tsʅ·]：名词，停放遗体的单人木床〈納棺の前に、遺体を安置する台〉。据鲁西南风俗，家里人死后，不能立即将遗体放进棺材，应先安放在正屋当门的木床上（两天），供亲友瞻仰。这时的床本地称灵床子。另外，本地还有"小床子"之说，专指抬重病人用的单人木床。

37) 常时三五夜不曾归去。

常时 [tsʻaŋ42-55sʅ·]：时间副词，即经常、时常〈常に〉。今见于鲁西、鲁南、鲁中。当地人至今仍不说"时常"，而说"常时"。金乡话例：那时候～吃了这顿没那顿。

38) 连忙丢了个眼色。

丢眼色 [tiou213-21iã55-45sei·]：动宾短语，即使眼色、递眼色〈目配せをする〉。今见于山东大部分地区。

第七回

39) 顶死了的三娘的窝。

顶窝儿 [tiŋ55uər213]：动宾短语，即顶替位置〈替え玉になる〉。今见于鲁中、鲁西、鲁南。曲阜话例：提前退休，好叫他儿～。

40) 随问什么人家他也不管。

随问 [tsʻuei42-55uẽ312]：连词，即无论、不管〈拘わらず〉。今见于鲁西、

鲁南。"随问"又可以省略为"随"[ts'uei42]。今方言中 随问＝随＝甭管。单县话例：这村长～谁当，咱都没意见。

41) 老身便是他亲姑娘，又不隔从。

姑娘 [ku213-21ȵiaŋ·]：名词，即姑母〈おば〉。今见于鲁南、鲁西的部分地区。枣庄、单县称"姑娘"，济南称"姑母"，青岛称"姑妈"，济宁称"姑"，金乡、鱼台称"嬷嬷"[ma55-45ma·]。

隔从 [kei213-21ts'uŋ·]：动词短语，实为"隔层"，表示非直接亲属关系〈直接の親戚関係がない〉。通用于鲁西、鲁南。今方言仍"层"与"从"同音，都读作 [ts'uŋ42]。如：一层纸＝一从纸、两层布＝两从布。

42) 到明日不管一总谢罢了。

一总 [i213-21tsuŋ55]：副词，即一起〈あわせて〉。今见于鲁西、鲁南、鲁中。方言里还有"一总子"、"一总儿"、"打总子"、"打总儿"、"撮打总儿"以及"一筏儿"、"般筏儿"等说法。诸城话例：到年底，这弟兄俩的喜事～办。

43) 你嫁得这位老公也罢了。

罢了 [pa312-42la·]：表示过得去、说得过去等义，含有说话者强烈的主观倾向〈まあ、いいであろう〉。今见于鲁西、鲁南。今方言又称"不离儿"（不离谱、差不离）。曲阜话例：不愁吃不愁喝的，这样的日子也～。你还闹什么乱子？

44) ……来问受了那人家插定不曾。

插定 [ts'a55-45tiŋ·]：动词，即打听、调查了解〈調べる、探る〉。今见于鲁西、鲁南。"插定"在方言里除表示一般的"打听"意义外，还表一种特殊的意义，男女双方订婚前，都从侧面了解对方的情况，叫做"查听媒"，省略为"查听"。"插定"实际来自"查听"，"插"与"查"音同，"听"读作轻声，音近于"定"。

45) 奶奶说来，这人家不嫁，待嫁甚人。

　　来 [lɛ·]：语气词，分别同"啦"、"呢"、"吗"等。在鲁中、鲁西南使用频率很高。菏泽语例：你几个上哪去～？（同"啦"）／俺还没吃饭～。（同"呢"）／你不是说走～？（同"吗"）。

46) 将来了。

　　将 [tiaŋ213]：副词，即刚、刚刚〈したばかり、してまもない〉。通用的地区很广，不仅山东，江苏北部、河南北部，甚至北京方言里都使用。把"刚"读作"将"与古音的演变有关。但演变的具体形式又有不同。如胶州方言的歇后语：床头上犁地 —— 耕人（惊人）[tɕiŋ213-21iẽ42]。

47) 一连在他房中歇了三天。

　　歇 [ɕiə213]：动词，即休息、睡觉〈休み、寝る〉，本文指后者。今见于鲁西、鲁南。济宁话例：今儿里晚上你就在这屋里～吧。

第八回

48) 只说大官人不得闲。

　　不得闲 [pu213-23tei213-21ɕiã42]：动词短语，即没空儿〈暇がない〉。今见于鲁西、鲁南。单县话例：这两天～，有事儿咱过几天再说吧。

49) 又做了一笼肉馅角子。

　　角子 [tɕyə213-21tsʅ·]：名词，形同饺子的蒸包子〈饅頭〉。今见于鲁西南。金乡、单县、菏泽、阳谷等地至今仍叫角子，曲阜叫"大角子"济宁叫"大包子"。

50) 娘休打，是我害饿得慌，偷吃了一个。

　　害饿 [xɛ33uo33]（莒县）：动词，即饥饿〈飢える〉。今见于鲁中、鲁东。方言中"害"的组合能力很强，如"害热（得慌）"、"害累（得慌）"、"害

渴（得慌）"、"害冷"、"害头疼"等。"害"后面的词语所表示的都是身体部位所能感到的某种不适。这种形式的构成在语言心理上与"害病"、"害羞"等应该是一致的。

51) 一向不来傍个影。

不傍影 [pu213-23paŋ312-31iər55]：动词短语，比喻不见踪影、看不着〈ぜんぜん見えない〉。今见于鲁中、鲁西南。"傍"指靠近、接近。全句义为"一向不到这儿来"。今方言又称"不傍边儿"。

52) 一夜通没来家。

通 [tʻuŋ213]：副词，本文表示一直、完全之义〈ずっと、まったく〉。今见于鲁西、鲁南。今方言的"通"除了表示"一直"、"完全"外，还表示"仅仅"、"只有"义〈のみ、しかない〉。济宁话例：这孩子～两岁。／我身上～这几个钱，都给你吧。

53) 我若负了你情义，生碗来大疔疮，害五年黄病。

疔疮 [tiŋ213-21tsʻuaŋ·]：名词，旧病名，指形状像钉，毒性很大，不易治疗的一种疖子〈ひどいできもの〉。今已少见。

黄病 [xuaŋ42-55piŋ·]：名词，指黄疸性肝脏病的俗称〈黄疸肝臟病〉。通用地区很广。又指黄肤色，济宁话例：那几个人里边，那个～脸儿的是秦琼，花脸儿的是程咬金。

54) 扁担大蛆耩口袋。

耩 [tɕiaŋ55]：动词，指虫蛀〈虫がつく、キクイムシに食われる〉。今见于鲁西南、鲁中。济宁话例：书本子叫虫子～得净窟窿。

55) 西门庆道，紧自他麻犯人，你又自作耍。

紧自 [tɕiẽ55-45tsʅ·]：副词，包括两种意义①表任凭、放任之义〈放任する〉，如本文。这种意义的"紧自"实际上同"尽着"。金乡话例：进了他家的门儿，你就当家了，还不是钱～你花，饭～你吃啊！②表一直、时常之义

〈ずっと、常に〉。阳谷话例：别～干了，歇会儿吧。／他去喽半天啦，咋～不回来啦？同作品中又用作"紧着"或"紧"，如第十二回：西门庆赶着打，说道，你这贼天杀的，单管弄死了人，紧着他恁麻犯人，你又胡说。第六十一回：你紧心里不好，休要只顾思想他了。

56) 如此怎了。

怎了 [zẽ55-42liɔ55]：动词短语，即怎么办、怎么了结〈どうやってしよう〉。今见于鲁西、鲁中。"了"表"了结"之义。鲁西南常用"咋咋了 [tsa55-45tsa·liɔ55]"、"咋了 [tsa55-42liɔ55]"。单县话例：您都甩手走了，剩下我己家咋咋了？

57) 道人头五更就挑了经担来。

头五更 [tʻou42u55-45tɕiŋ·]：时间名词，今方言又称"早五更"，即五更天的前半段或一大早〈朝早く〉。今见于鲁西南、鲁中。俗语例：没好事不起早五更。"头"表示时间顺序，相当于"前"，与"后"相对。方言又说"五更头儿"。

58) 怎么缠得些娘大。

些 [ɕiə213]：程度副词，同"很"、"挺"〈とても〉。今见于鲁西、鲁南。金乡、单县、菏泽、临沂等地仍多用"些"，如"些多"、"些好"、"些干净"，又写作"血"。济南、泰安、寿光、滨州等地用"乔 [tɕʻiɔ42]"。济宁、曲阜用"崩 [pəŋ312]"。

娘 [ȵiaŋ214] (青岛)：指示代词，"那样"的合音〈あんなに、そんなに〉。通用于鲁中、鲁东地区。桓台话例：甭再多说啦，就～办吧。在高密、寿光、莒县等地不用"娘"，而是用"囊"。高密话例：可不就～！（可不就是那样吗！）

第九回

59) 凡事不拿强拿，不动强动。

强 [tçiaŋ312]：形容词，即勉强之义〈無理に強いる〉。今见于大部分地区。鲁西南语例：干不了甭～干。

60) 猛可地害心疼起来。

猛可地 [məŋ55-45k'ə55-42li·]：副词，突然间〈突然である〉。今见于鲁西南、鲁中。今方言多说"猛可丁"或"猛个丁"（[məŋ55-45kə·tiŋ213]）。滕州话里：你看你，猛个丁里一声，吓我一跳。

61) 你哥哥一倒了头，家中一文钱也没有。

倒头 [tɔ55-45t'ou42]：动词，"死"的一种委婉说法〈死ぬ〉。今见于山东大部地区。据当地风俗，人倒头之后，要烧"倒头纸"，摆"倒头饭"。

62) 他便两下里打背。

两下里 [liaŋ55-45çia312-42li·]：数量短语，即两头、两处〈両端、二ヶ所〉。今见于鲁西南、鲁中等地。济宁话例：他一天到晚～跑，能不累？／来的客多，一下里坐不开，得分～坐。

63) 顺着房山跳下人家后院内去了。

房山 [faŋ42sã213]：名词，房屋的山墙〈屋根の棟〉，今方言多称"屋山"、"屋山头"等。

第十回

64) 武二到下处问士兵要出行李包裹来。

问 [uən21] (青州)：本文用作介词，同"向"、"对"〈……に〉。这种用法今见于鲁中、鲁南、鲁东等地。青州话例：没钱～您娘要去。

65) 你心里要收这个丫头，收她便了。

心里 [çiẽ213-21li·]：副词，同"非……不可……"、"从心眼里"〈どうしても、必ずこうでなければならない〉。今见于鲁西、鲁南。今方言里还有"一

心里"、"专心里"、"生心里"、"非得"、"须里"等说法。从这里可以看出这个副词在鲁西南方言中的演变途径,即:心里──须里(须得)──非里(非得)。

第十一回

66) 专一听篱察壁。

专一[tsuã213-21i213]:副词,表示专门、擅长之义〈もっぱら、専門的〉。今见于鲁西、鲁南。又可以写作"专意"。金乡话例:那家伙正经事不办,~地坑东家拐西家。

67) 爹紧等着吃了饼要往庙上去。

紧等着[tɕiẽ55-42təŋ55-45tsʅ.]:动词短语,本文指焦急地等待着〈大急ぎである〉。今见于山东大部地区。鲁西南方言里还有"立等着"、"急等着"等说法。另外,"紧等着"还有"一直等着"的意思,如下列菏泽话例:你快去吧,甭叫人家~。

68) 见了俺们,便不待见。

俺们[ŋan55mən.]〈济南〉:人称代词,即我们〈わたしたち〉。今见于山东大部分地区。

待见[tɛ312-31tɕiã312]:动词,喜爱〈好きである〉。通用于山东大部地区。金乡儿歌例:七岁八岁半,鸡狗不~。方言中的"待"大都相当于普通话的"爱"、"喜欢",如:待吃、待听、待玩、待唱戏、待拾麻烦、待瞎鼓捣。

69) 那个好意死了汉子嫁人。

好意[xɔ312-31i.]:副词,同故意、特意〈わざと〉。今见于鲁西、鲁南。"好"读去声。本文中的"好意"含有"情愿"之义。全句义为"谁情愿让自己的丈夫死了去嫁人呢？"

70) 今日约两位好朋友送你家去。

送你家去[suŋ312-31n̩i55 tɕia213-21tɕ'y·]：动词短语，包括两个意思：①把你送回家去〈あなたを家まで送る〉。②把什么东西送到你家去〈ものをあなたの家まで送る〉。方言例：你今天喝多了，叫他～。（送你）／把东西先搁这里吧，过会儿叫他～。（送东西）

第十二回

71) 如经年未见酒和肴。

经年[tɕiŋ213-21iã42]：时间名词，即常年、整年〈一年中〉。今见于鲁西南、鲁中。又称"见年"。"经"和"见"、"遭"都包含周期义，如：经天、见天、遭天。

72) 等住回乱将起来，我不管你。

住回[tṣu21xuər·]（济南）：动词短语，实为"住会儿"，即过一会儿、待一会儿〈しばらくして〉。今见于鲁南、鲁中。济南话例：你先走吧，我住会儿再去。

73) 那个不逢好死的嚼舌根的淫妇。

嚼舌根[tɕie42sə42kẽ·]（济宁）：动词短语，即背后败坏他人〈とやかく言う〉。今见于鲁西南、鲁中、鲁北等。方言又称"扯老婆舌头"。

74) 见你常时进奴这屋里来歇……拿这有天没日头的事压枉奴。

有天没日头[iou55t'iã213-21mei213-23zl213-21t'ou·]：动词短语，比喻没有事实根据、没有踪影〈根拠のないことに例える〉。今见于鲁西、鲁南、鲁中等地。方言还有"没影儿"之说。

压枉[ia213-21uaŋ·]：动词，实为"冤枉"〈無実の罪を着せる〉。今见于鲁中。淄博方言例：好好的你～我作啥？

75) 平空把我篡一篇舌头。

平空[piŋ42-55k'ũr213]：副词，同"凭空"，平白无故〈なんのよりどころ

もなく〉。今见于山东大部分地区。鲁西南方言里还有"劈空"[pʻi213-23kūr213]之说,语义同"平空"。

76) 见了西门庆,不动一动。

不动一动 [pu213-23tuŋ312-31i213-23tuŋ312]：动词短语,即一动也不动〈まったく動かない〉。今鲁西南方言里面,"不动一动"和"一动不动"两种形式都存在,但常用的是前者,后者是共同语的影响所致。

77) 他再三咬群儿,口嘴伤人。

咬群儿 [iɔ55-45tʻyer42]：动词,原指骡马中的害群者,比喻伤害同类〈つかみ合いをする、周囲の人とよくけんかをする〉。今见于山东大部分地区。济宁话例：那样的人专一地～,当紧别和他共事。

78) 只拿钝刀子锯处我,教奴怎生吃受。

锯处 [tɕy312-42tsʻu·]：动词,原意指用锯子锯东西〈のこぎりでひく〉。今见于鲁西南、鲁中。方言又称"锯律"[tɕy312-42ly·],属于"锯离"的同化。本文"拿钝刀子锯处"是"活生生地折磨"的形象比喻〈みすみす苦しめることに言う〉。

79) 随你要什么,奴无有不依随的。

随 [tsʻuei42]：副词,同无论〈にかかわらず〉今见于鲁西、鲁南、鲁中。金乡俗语例：～你千条妙计,我有一定之规。(参见40"随问")。

80) 我顶上这头发脱了奴好些。

奴好些 [nəŋ42xɔ55-42ɕiə55]：即那么多〈そんなに多い〉。"奴"又写作"恁",是"那么"的合音,今方言多读如"能"。今见于鲁西南。菏泽话例：你咋能些书？一车子拉不了。另,鲁西南方言里还有"正些"[tsəŋ42ɕiə55]的说法,是"这么些"的合音。

81) 家中这几个老婆、丫头,打起来也不善。

不善 [pu213-23sā312]：形容词短语，即厉害、不简单、不寻常〈すごい、普通ではない〉。今见于鲁南、鲁西。枣庄话里：他家的几个孩子都～，大学的大学，中专的中专。

第十三回

82) 你原来干的那茧儿。

干茧儿 [kā312-31tɕiɛr55]：动宾短语，即做事、作勾当，一般略含贬义。以蚕结茧比喻人做某种不光彩之事。今见于鲁中、鲁西、鲁南。全句义为：你原来干的是那勾当啊！鲁西南方言里还有"结茧儿"，意思同"干茧儿"。金乡话例：谁知道这孩子大喽能结／干点啥茧儿？

83) 使丫头替了吴家的样子去了。

替样子 [tʻi312-31iaŋ312-42tsʅ·]：动宾短语，旧时农村缝制鞋、袜、帽子时，须先按照"样子"将布裁剪好。"样子"常见的有鞋样子、袜样子、帽样子等，是用硬纸或一般的纸按照实物等尺寸剪成的图案。复制这样的图案就叫"替样子"。〈図案を複製する〉。"替"实际上是用剪刀剪。

84) 嫂子这里分付，早晨一面出门，将的军来，将的军去，在下敢不铭心刻骨，同哥一答里来家。

一答里 [i213-23ta213-21li·]：名词兼副词，即一处、一同、一起〈同じ場所、一緒に〉。今见于鲁西、鲁南、鲁中。作品中又作"一搭儿里"（同第四十二回：刚才教我把铺子也收了，就晚夕一搭儿里坐坐）。今单县话例：他俩治不了～去。

第十四回

85) 自从老公死了，发送念经，都花费了。

发送 [fa213-21suŋ·]：动词，即办理丧事，"发"指发丧，"送"指送葬、送终，专指对老人丧事的操办。〈葬儀を営む〉。今见于鲁西南、鲁中。菏泽话

例：这老妈儿妈儿有福，儿女给她～得不孬。

86) 你这厮真少打。

少打 [sɔ55-42ta55]：动词短语，即该打、缺乏教育之义〈打たれたい、教養がたりない〉。今见于鲁南、鲁西。方言里还有"欠打"、"欠揍"等说法。

87) 来家还问老婆找起后帐儿来了。

找后帐儿 [tsɔ55xou312-31tʂãr312]：动宾短语，比喻事后找岔儿〈将来因縁をつける〉。今见于鲁西、鲁南、鲁中。聊城话例：咱今儿把话说清了，省得谁过后儿～。

88) 只挨一日两，两日三，挨到二十头，呜呼哀哉，断气身亡。

二十头 [er312-42ʂʅ·t'our·]：表示时间，指下旬的某一日〈二十何日〉。单县谚语例：立秋不立秋，六月～（农历）。在这里，"头"并非指"开头"，而是指从"一"至"九"中的任何一个。如1999年的立秋是6月28日。方言里没有"十头"和"三十头"的说法。

89) 后半截通空落落的。

空落落 [k'uŋ312-31lɔ312-23lɔ312-42]：形容词，即空荡荡〈がらんとしているさま〉。今见于鲁中、鲁南、鲁西。济宁话例：整个屋里～的，没一点儿值钱的毛。

90) 且是个恩实妈妈儿。

恩实 [ɣẽ213-21sʅ·]：形容词，即诚实可靠〈誠実で信頼できる〉。今见于鲁西南。

妈妈儿 [mar55-45mar·]：名词，又叫"老妈妈儿"，同"老太太"，对老年妇女的通称〈御婆さん〉。今见于鲁南、鲁西、鲁中等地。金乡歇后语例：老妈儿妈儿跳井～坚决到底（尖脚到底）。

91) 俺妈害身上疼，在房里歪着哩。

歪[uε213]：动词，此处表"躺"义〈横になる〉。今见于鲁西南。有时"歪"表示"躺着休息"或"躺下睡觉"等义。单县话例：累喽就床上～～去，甭硬撑。

哩[li·]：语气词，同"呢"。今见于鲁西南。济宁话例：正吃饭～。／还没走～。

92) 外边那里有这样范。

样范[iaŋ312-31far·]：名词，即样式、样子〈様式〉。今方言又做"样法儿"。"范"与"法"都读轻声，读音相近，一经儿化，都变为[far·]。菏泽话例：卖啥的吆唤啥，治啥有啥～。

第十五回

93) 通挤匝不开。

挤匝[tɕi55-45tsa·]：形容词，即拥挤〈込み合う〉。今见于鲁西、鲁南。方言还有"挤巴"、"挤打"等说法。全句义为：根本挤巴不开〈込んでぜんぜん動けない〉。

94) 都压摞摞儿。

压摞摞儿[ia213-21luər312-42luər·]：动宾短语，指人与人叠在一起。动词"压"是就上者而言，"摞"原本动词，指把东西重叠地往上放〈積み重ねる〉。今见于山东大部地区，方言又称"压摞儿"。

第十六回

95) 这等才可奴之义。

可义[k'ə55i312]：心理动词，即如意、合乎心意、令人满意〈満足させられる〉。"义"实为"意"，"可奴之义"即"正合我意"。今见于鲁西、鲁南。金乡话例：这桩媒一点儿不可我的意。

96) 上紧修盖。

　　上紧[saŋ312-31tɕiẽ55]：动词，即抓紧时间〈時間を切り詰める〉。今见于鲁中、鲁西。方言里与"上紧"相对的是"丢松"。单县话例：大伙甭丢松，都上上紧，争取天黑干完这些活儿。普通话的"抓紧抓紧（时间）"这种重叠形式方言则用"上上紧"。

97) 打开墙垣，筑起地脚。

　　地脚[ti312-42tɕyə·]：名词，即地基〈敷地〉。今见于鲁西、鲁南、鲁中。方言又称"地工"、"碱"。金乡话例：先垫～，过几天再打夯。

98) 房子卖的卖，不的，你着人来看守。

　　卖的卖[mɛ312-42li· mɛ312]：动词短语，在此处蕴含着的是一个假设复句的意义，即"能卖的就卖"〈売れれば売る〉，或"该卖的就卖"〈売るべきものを売る〉。今见于鲁西南。单县话例：年纪大啦，活儿干了喽干，干不了甭干。

　　不的[pu213-21li·]：表示一个假设条件，即"不然的话"〈そうしなければ、そうしないと〉。今见于鲁西、鲁南。方言又说"要不"、"不的话"。嘉祥话例：你家得先盖三间大瓦屋，～，孩子说媳妇难啦。

99) 大官人这边做亲之事，他满口说好。

　　做亲[tsuə213-23tɕ'iẽ213]：动宾短语，专指结亲，做儿女亲家〈縁組が成立する〉。今见于山东大部分地区。传统意义上的"做亲"通常指男方和女方的两个家庭或两个家族，如：这庄上的周家跟那庄上的王家将做了一门亲。

100) 见他醉态癫狂，情眸眷恋，一霎的不禁胡乱。

　　一霎[i213-23ʂar213]：时间词，即一会儿，刹那间〈しばらくの間、突然〉。今见于鲁中、鲁北、鲁西南。潍坊话例：你等我～，我立马回来。又济宁话例：这孩子～的工夫不见啦。

第十七回

101) 一班武官饮酒鼓乐，搬演戏文。

搬演 [pā213-21iã55]：动词，即演示、模仿〈演ずる、ものまねをする〉。今鲁西南方言里还有"示范"之义〈模範を示す〉。金乡话例：俺没看清，你再～～。

第十八回

102) 你是个当家的人，你不上心谁上心。

上心 [saŋ312-31çiẽ213]：动词，即关心、操心〈気を使う、心配する〉。今见于山东大部分地区。鱼台话例：这会儿的媳妇对老婆婆有几个～的？另外，上心还表示"专心"、"用心"之义。如：这孩子上学就是不～，再嚷也不中用。

103) 口里达达个不断。

达达 [ta42-55ta.]：名词，即爸爸〈お父さん〉。又写作"大大"。今见于鲁南、鲁西、鲁中等地。如菏泽、曹县、金乡等地"达达"可用于面称和背称，书信上称"父亲"，死后哭唤时称"爹"。济宁、曲阜、枣庄等地称做"达"，又写作"大"。

不断 [pu213-23tuã312]：动词短语，即不停〈止まらない〉。又称"不断头儿"、"不断秧儿"、"不断溜儿"，今见于鲁中、鲁西、鲁南。

第十九回

104) 你这个堕业的众生，到明日不知作多少罪业。

堕业 [tθuo21ie21] (高密)：动词，即造孽〈罪業をつくる〉。今见于鲁中、鲁东和鲁南的部分地区。又写作"作业"或"造业"。在上述方言中，"堕"与"作"同音，"孽"与"业"同音，因此可以相互借用。高密话例：你刚吃了几天儿饱饭咋～起来啦？

105) 想着你当初不得地时，串铃卖膏药，也亏了这位大哥扶持你。
　　得地 [tei213-23ti312]：动词，即得志、事业成就之义〈志を遂げる〉，引申为运气好〈運がいい〉。今见于山东大部分地区。聊城话例：他这几年不大～。
　　亏了 [kʻuei213lou·]：副词，即幸亏、多亏〈幸いなことに、運良く〉。今见于鲁西、鲁南、鲁中。又作"亏里"[kʻuei213-21li·]。金乡话例：这个事～大伙帮忙。

106) 想不到栽人洋沟里。
　　洋沟 [iaŋ42-55kou213]：名词，即阴沟〈暗渠〉。今见于鲁西、鲁南、鲁中等地。一般写作"阳沟"。曲阜话例：大江大海都创过来啦，～里还能翻了船？

107) 爹若吐了口儿，还叫小的回他声。
　　吐口儿 [tʻu55-42kʻour55]：动词，同意，应允〈同意する、許す〉。今见于鲁西、鲁南、鲁中等大部分地区。济南话例：我劝了半天，他就是不～。

108) 叫你略等等儿。
　　略等等儿 [luə213-21təŋ55-42trər·]：动词短语，即稍微等一等〈少々待つ〉。"略"表"略微"、"稍微"之义。普通话一些用"稍VV"的场合今鲁西、鲁南方言多用"略VV"，并且后面的重叠动词多儿化，如"略停停儿"、"略坐坐儿"（一般不说"稍停停儿"，"稍坐坐儿"）。

第二十回

109) 他爹这两日，隔二骗三的，也甚是没意思。
　　隔二骗三 [kei213-23er312-31pʻiã312-31sã213]：形容词，指不连贯或不接续〈時にはしたり、しなくたりする、連続せず〉。又作"隔二偏三"，如同作品第七十九回：何大人便来看你，我扶你往后边去吧，这边隔二偏三，不是个待人的。今见于鲁西南。嘉祥话例：你看你，干的这是啥活儿？～的！

110) 满纂绑著鬼，还落他三两银子。

满纂[mã55tsuã312]：动词短语，即满打满算〈あらゆる要因を勘定に入れる〉本文义为"把所有的都加在一起，即使在加上鬼……"。

落[luə213]：动词，同剩词〈残る〉。今见于鲁西南。今方言的"落"包含著"剩余"和"欠缺"两种完全相反的意义。单县话例：十五个减去六个，还～九个。（同"剩下"）／到如今你还～人家三百多块哩。（同"欠"）

111) 我已赌下誓，就是一百年也不和他在一答儿哩。

一答儿[i213-23trar213]：名词兼副词，即一块儿、一起、一处〈同じ場所、一緒に〉。今见于鲁西、鲁南、鲁中等地。又作"一搭儿"，如第四十一回：那日月娘并众姊妹、大姈子，六顶轿子一搭儿起身。（参见84）

112) 玉宵学筝，迎春学弦子，香兰学胡琴。

弦子[ɕiã42-55tsɿ·]：名词，一种形似二胡、但音域高过二胡的民族乐器。因是"梆子戏"（包括山东梆子、河南梆子、河北梆子）的主要乐器，故又称"绑胡"〈胡弓に似た民族楽器〉。今见于鲁西南。方言所说的"弦子"一般包括二胡（胡琴）和板胡两种。在今菏泽、郓城一带方言里，有时"弦子"专指板胡，"嗡子"才是二胡。

第二十一回

113) 你和他吃了，别要信他，又勾引的往那里去。

信[ɕiẽ312]：动词，即欺骗〈騙す〉。今见于鲁西、鲁南。鱼台话例：甭听他那一套，那是单为～你哩。（单为：故意）

114) 金莲道：我在这背哈喇子，谁晓得？

背哈喇子[pei312-31xə· la213-55tsɿ·]：名词短语，即偏僻的角落〈辺鄙な所〉。今见于鲁西、鲁南、鲁中等地。表偏僻意义的"背"字老派读作[pei312]，新派读作[pi312]。"哈喇"由"旮旯"转来，但更突出的是"缝隙"意义。如"囤哈喇子"指的是盛粮食的囤与囤之间的窄缝。与"旮旯"的角落义略有区

别。作品又作"僻格刺子",如第三十七回:到明日也替你寻一所,强如在这
〜里。

115) 如今你我这等较论,休教他买了乖儿去了。
　　买乖儿[mε55kuεr213]:动词短语,指沾了便宜还向别人炫耀〈うまい汁を
吸っておきながら得意がってしゃべる〉。今方言多称"卖乖"、"卖乖儿"。

116) 我猜老虔婆和淫妇铺谋定计,叫了去,不知怎的撮弄……不知涎缠到多咱
时候。
　　涎缠[n̠iã213-21ts'ã·]:动词,磨蹭、拖延〈ぐずぐずする〉。今见于山东
大部分地区。今方言多作"粘缠"。单县话例:这人好〜,一坐下半晌起不来。

第二十二回

117) 往回也有半年期程,约从十一约半头。
　　半头[pã312-42t'ou·]:方位词,即中间〈真ん中〉。今见于山东大部分地区。
方言又称"半头腰儿"、"半截腰儿"。本文的"十一月半头"指"十一月中旬"。

118) 今日赶娘不在家,要和你会儿。
　　赶[kã55]:介词,即趁〈……を利用して、……を乗じて〉。今见于山
东大部分地区。本文的"赶娘不在家"即"趁娘不在家"。另外,"赶"后面
带有时间词语时,一般表示"等到"、"待到"之义,如曲阜话例:他〜明儿走。
／〜人到齐再开会。
　　会儿[xuer21](潍坊):时间名词,即一会儿〈しばらくの間〉。本文的"和
你会儿"即"和你一起玩耍一会儿"〈あなたとしばらくの間遊ぶ〉。"会儿"
的前面可以不出现动词,这是山东方言的一个特殊的句法现象。今潍坊话
例:别光顾忙活孩子,抽空也得和你老公〜。

119) 自此遂断了路。
　　断路[tuã312-31lur312]:动词短语,即断决往来〈絶交する〉。今见于鲁西

南、鲁中、鲁北等地。金乡话例:咱俩从此～，你走你的阳关道，我走我的独木桥！

第二十三回

120) 在后边，李瓶儿、孙月娥两个看答着。

看答 [kʻã·312-42ta·]：动词，即看护、看守〈世话をする、介抱する〉。今见于山东大部分地区。"答"是词缀，部分动词后面加上"答"就增添了轻微的贬义色彩。如:吃答（胡乱地吃）、学答（扯老婆舌头）、念答（胡乱地念）、掰答（瞎胡掰）。

121) 将冰盘盛了。

冰盘 [piŋ213-21pʻã·]：名词，大盘子〈大皿〉。一般指用来盛大件菜肴（如红烧鲤鱼等）的盘子。鲁西南方言例：他把个字钱看得个～大。(看得像个冰盘一样大)

122) 每日只打个到面儿。

打到面儿 [ta55tɔ312-42miɛr·]：动宾短语，同打照面儿〈ばったり顔をあわせる、顔を出す〉。今见于鲁西南、鲁中。城区以及农村部的中青年人几乎都说"打照面儿"，但部分农村的老年人口中有时还能听到"打到面儿"。

123) 惠莲笑道，五娘怎么就知道我会烧猪头，巴巴的栽派我替他烧。

巴巴 [par213-23par213]：形容词，同"口口声声"，如本例句。又形容人过于会说话，含贬义，多指只说不干。如第三十一回：昨日晚间，一个人听见我这里要带，～来对我说。又菏泽话例：这人嘴可会～啦，就是毛钱的事儿不办。(本地歇后语：八分钱赶集～办不了毛钱的事儿)

栽派 [tsɛ213-21pʻɛ·]：动词，即吩咐、安排，本文含有强要别人去干之义〈言いつける〉。又见第六十七回：他每只要～教我说，他要了死了的媳妇子。今鲁西南、鲁中等方言中，"栽派"又包含"叮嘱"义〈繰り返し言い含める〉。金乡话例：他那天走扇，我是～喽又～，谁知道他还是忘啦。

第二十四回

124) 因走百病，被人剜开门，不见了狗。

不见 [pu213-42tɕiã·]：动词，即丢失〈紛失する、失くす〉。今见于鲁西、鲁南。"不见"的对象可以是人，也可以是物。这些对象在句法平面上，可以出现在动词"不见"的前面，也可以用在它的后面。如济宁话例：他家一头羊不见啦。／他家不见喽一头羊。今方言里有时用"不见"或者"少"、"掉"表示"被偷盗"。如：头两天那庄街里遭贼啦，～喽老大些东西。

第二十五回

125) 两个打到半中腰哩，都下来了。

半中腰 [pã312-42tsuŋ·iɔr213]：方位名词，即中间〈真ん中〉。今方言又叫"半截腰儿"、"半大腰儿"、"半头腰儿"等。胶州话例：活儿干到～哩你咋不干了？

126) 却是春梅和西门大姐两个……脚跐定下边风来一回。

跐 [tsʻɿ55]：动词，同踏、踩〈踏む〉。今见于鲁西、鲁南。如菏泽俗语:脚～两只船。

风 [fəŋ213]：形容词，原指行为放荡，引申为调皮或不稳重〈気ままにふるまう、いたずらである〉。一般用于孩子和妇女。如妈妈批评孩子时：别在外边～了，快回家去！

127) 怪道箱子里放着衣服首饰。

怪道 [kuɛ312-42tɔ·]：副词，即怪不得、难怪〈道理だ〉。又五十一回：～他昨日决烈的就往前走了。今鲁西南方言多称"怪不道"，鲁中方言多称"怪不当"、"怪当"。济宁话例：怪不道里这几天没见他，他回老家啦。

128) 妇人道，就是石头貉剌儿里迸出来，也有个窝巢儿。

貉剌儿 [xə42lrar42]：名词，即旮旯儿、窄缝〈片隅〉。今见于鲁西南。同114

"背哈喇子"的"哈喇子"。本文的"石头貉剌儿"即"石头缝儿"。

129) 你这贼囚根子，得不的个风儿就雨儿，万物也要有个实才好。

得不的风儿就雨儿 [tei213-21pu‧li‧fɚr213 tɕiou312-31sʅ312-31y55]：成语，听风是雨、听见风就是雨〈すこしうわさを聞いただけですぐ真実だと思い込む〉。今鲁西、鲁南方言又称"听不得风儿就是雨儿"、"听不见风儿就是雨"。

130) 玉楼道，嗔道贼臭肉在那在坐著，见了俺每意意似似的，待起不起的，谁知原来背地里有这本帐。

意意似似 [i312-42i‧sʅ213-23sʅ213]：形容词，即羞羞答答、含含糊糊〈ぐずぐずする、恥ずかしそうに〉。又作"意意思思"。济宁话例：甭～的，有话直说。

待起不起 [tɛ312-31tɕʻi55pu213-21tɕʻi55]：动词短语，即勉强起来。"待V不V"这种形式的语义为"不想V而勉强V"。"待"是能愿动词，普通话多用"爱"。另外，今方言中"待V不V"还包括"原意V就V，不原意V就V"的语义。如：那里，你待去不去。／我就这本事，饭做得不好，你待吃不吃。

第二十六回

131) 你放在家里不荤不素当做什么人看成？

不荤不素[pu213-23xuẽ213-23pu213-23su312]：形容词短语，本文比喻没有正式名分，既非A又非B，含贬义〈AもBもではない〉。方言中"不A不B"或"没A没B"等类词语具有很生动的表现力，如菏泽话例：不晌不乏的你这是吃的啥饭？／生起气来没头儿没屎儿叫我咋咋给他过！（没头没屎：没完没了）

132) 这宋惠莲吃了饭儿，从早晨在后面打了个幌儿，一头拾到屋里，直睡到日沉西。

拾 [ʂɻ42]：动词，原义是用头去碰、撞〈頭で突く〉。今鲁南、苏北等地说某人过于倔强、认死理时，仍常用"一头拾到南墙上"做比喻。"拾头"一般因气恼所致，今方言仍多用"气得拾头"、"恼得拾头"，不说"饿得拾头"、"累得拾头"等。另外，"拾"还表示"扑"、"栽"等动作义。本文"一头拾到屋里"即"一头栽倒在屋里"。今方言常说的"一头拾到娘怀里"也就是"一头扑到娘怀里"。

133) 那时可蹊作怪，不想月娘正送李妈妈、桂姐出来，打惠莲门首过，关着不见动静，心中甚是疑影。

疑影 [i42iŋ·]：动词，即犯疑〈疑いを起こす〉。又第二十五回：我到～和他有些甚么查子账。今鲁南、鲁中、鲁东等方言里，"疑影"还有"厌恶"、"讨厌"义〈嫌い〉，如胶州话例：这家伙整日窜女人行，真～人！

第二十七回

134) 我的儿，再二来来越发罢了。

二来来 [er312-31lɛ42lɛ42]：数量短语，即(做)第二次、再来一次〈二回目、もう一回、やりなおす〉。今见于鲁西南。金乡话例：你这活儿干得不中，晚不了得来个～。

135) 金莲说道，小油嘴，我再央你央儿，往房内把凉席和枕头取了来，我困得慌。

央你央儿 [iaŋ213-21n̩i55iār213]：动词短语，即央求央求你、央求你一下〈ちょっとお願いする〉。今鲁西南方言里仍残留着这种「VO(一)V」语序。如：看他看／熊他熊（批评批评他）。普通话相应的多是「VVO」。

136) 急得妇人春心没乱。

没乱 [mə213-21luā·]：形容词，即心烦意乱、焦躁不安、无所适从，多指精神上难以言状的烦闷〈いらいらして気持ちが乱れる〉。今见于鲁西、鲁南。"没"读音有 [mu213]、[mə213] 两种。该词可以重叠（AABB 式）使用。济宁话例：我这两天心里没没乱乱的，知不道会摊什么事儿哩。

137) 你不知使了什么行子。

行子[xuaŋ42tsʅ·] (济南)：名词，即东西〈人または物を嫌悪して）やつ〉。又称"行行子"，今见于鲁中。鲁西、鲁南等地称"黄子"、"黄黄子"。金乡话例：这是俺的个大黄子（又叫"大羔子"，指自己的大儿子）。

第二十八回

138) 他才二十一岁，晓得甚么，知道 X 生在那块儿。

块儿[kʻuar21] (高密)：名词，即地方、处所〈場所〉。"这块儿、那块儿"即"这儿、那儿"。今见于鲁中等地。又称"块儿处"。高密话例：咱在这块儿（处）坐会儿。

第二十九回

139) 不吃罢，咱拿了茶那里吃去来。

不吃罢[pu213-23tsʻʅ213-23pa312]：动词短语，表示委婉的谢绝，即不吃也罢〈もうよろしい〉。"不V罢"这种形式在今天的鲁西南老派方言中仍使用。如下面甲乙二人的对话。甲："你歇会儿再走吧"。乙："不吃罢，家还忙着哩"。"罢"与语气词的"吧"不同：第一，读音不同，前者读去声，后者读轻声。第二，语义不同，前者有委婉的谢绝之义，后者没有。第三，句法形式上有别，前者只能用于否定的场合，后者则肯定否定两种场合都可以使用。

第三十回

140) 这回连你也韶刀了。

韶刀[sɔ42-55tɔ·]：动词，即嘲讽、败坏〈ぶつぶつ悪口を言う、傷つける〉。今见于鲁西、鲁南等。"刀"实为"叨"。今方言又称"臊叨"、"臊唠"。单县话例：有理说理，在外边～人可不中！

141) 这蔡老娘收拾孩儿，咬去脐带，埋毕衣胞，熬了些定心汤，打发李瓶儿吃了。

衣胞 [i213-21pɔ˙]：名词，即胎盘〈胎盤〉。今鲁西南方言又称"衣"或"衣胞子"。"衣"专指动物的胎盘，如指马牛羊等动物的胎盘尚未脱离一般说"还没掉衣"。"衣胞子"一般指人的。

第三十一回

142) 将那一壶酒影著身子一直提到李瓶儿房里。

影 [iŋ55]：动词，即隐藏〈隠す〉。今见于山东大部分地区。"影着身子"即用身体遮挡着。方言又写做"隐"。金乡话例：有风，灯长身子～子点儿。(灯用身子影着点儿)

143) 唯应伯爵与一柳五色线。

柳 [liou55]：量词，即缕〈助数詞の「束」に相当〉。今见于鲁西、鲁南、鲁中等。普通话用量词"缕"的场合，方言都用"柳"或"柳子"，如：一～头发、两～韭菜。

第三十二回

144) 临了等我一总赏你每罢。

临了 [liẽ42liɔ55]：动词短语，即最后、临近终了〈最後〉。今见于山东大部地区。方言还有"ABAB"重叠形式，菏泽话例：没想到～又出岔子了。

145) 你到明日与大爹做个干儿子罢，吊过来就是个儿干子。

儿干子 [er42kā55-45tsʅ˙]：名词，"二杆子"的谐音，即半吊子、二百五〈阿呆〉。曲阜话称乡下人为～。

146) 桂姐道，你又不是架儿，你怎晓的恁切。

切 [tɕʻiə213]：形容词，即迫切、急切〈差し迫っている〉。今见于鲁西、鲁南、鲁中。"你怎晓的恁切"义即"你怎么想知道得那么急切啊！"济宁话例：别看他头发都白啦，跳舞跳得崩～。

第三十三回

147) 撇得我鹅毛菊在斑竹廉儿下乔叫。

乔叫 [tɕʻiɔ42-55tɕiɔ312]：动词短语，即急叫、没命地叫〈必死に大声で呼ぶ〉。副词"乔"在山东方言里的使用频率很高，由"乔"组合的短语在鲁西南方言里一般充当补语，如：饿得～急、打得他～叫唤。但在鲁中方言里，除了能充当补语之外，还能充当状语，如：～冷、～使得慌、～尖尖等。

148) 玉楼道，可惜了的。

可惜了的 [kə312ɕi· liɔr55-45li·]：形容词短语，即可惜〈惜しい〉。今见于鲁西、鲁南等地。济宁话例：这东西留着吧，也没大用；横喽吧，还有点儿～。（横：扔）

149) 平白噪刺刺的抱什么空窝。

抱窝 [pɔ312-31uə213]：动词，通常母鸡孵小鸡或猪狗羊等动物下崽叫抱窝〈卵を孵す、子を産む〉。本文比喻妇女生产。"抱空窝"本指母鸡无卵而孵，本文指孕妇流产。

第三十四回

150) 我心里不待吃。

待 [tɛ312]：动词，即喜欢、想、愿意、爱〈……したい、……のが好きである〉。今见于山东大部地区。方言中用"待"的场合很多，如～见、～说话、～串门子、～挑毛病等。金乡歇后语例：七岁八岁半，鸡狗不～见。

151) 想不到第七个房例生了个儿子……因出疹子丢了。

丢 [tiou213]：动词，一般指扔、弃，本文指死〈捨てる、死ぬ〉。鲁西南旧时习俗，未成年的孩子死了，不能装进棺材葬入本家墓地，只能用谷草捆绑起来，由异姓邻居扔到"乱葬岗子"上。这称为"丢孩子"或"丢娃娃"。此习俗一直延续到20世纪50年代后期。本文的"因出疹子丢了"义为因出疹

子死了。

第三十五回

152) 我若不把奴才的腿卸下来也不算。

不算 [pu213-23suã312]：动词短语，即不罢休〈やめない〉。今见于鲁西南。方言又称"不算完"。在用法上"不算"要求与否定词"非"或"不"搭配，构成"非……不算"、"不……不算"的形式使用。单县话例：看来这场雨老天爷非下下来～。

153) 叫他生噎食病，把颡根轴子烂吊了。

噎食病 [iə213-21sʅ· piŋ312]：名词，即食道癌〈食道ガン〉。又称"噎食"，因食物下咽时受阻而得名，旧为不治之症，今鲁南的枣庄、鲁西南的金乡、单县、菏泽等地仍有此语。鲁西南方言里还有"倒食"病名，即胃癌。诅咒或起誓的场合有时能见到，如：谁要是把你家的鸡偷喽吃啦，叫他生噎食、长倒食。

154) 天下有没廉耻皮脸的，不相这狗骨秃。

皮脸 [pʻi42liã55]：形容词，比喻脸皮厚，不知羞耻〈鉄面皮〉。今见于鲁西南、鲁南。方言又称"皮脸罄"、"橡皮脸"。

骨秃 [ku213-21tʻu·]：名词，即骨头。本文的"狗骨秃"是表示亲昵意义的骂语（骂是爱）。今方言里"骨头"的"头"有的人读做"都"，就使我们更清楚地看到方言里该词语音的演变途径。即：骨头 [ku213-21tʻou] → 骨秃 [ku213-21tʻu·] → 骨都 [ku213-21tu·]。

不相 [pu213-23ɕiaŋ312]：动词，实为"不像"，即不如、不似、赶不上之义〈……及ばない〉。全句义为"天底下虽说也有没廉耻脸皮厚的人，但都赶不上你"。

155) 这两个人，一个在里，一个在外，成日把魂，恰似落在他身上一般。

把魂 [pa213-21xuẽ42]：动宾短语，迷信说法，即鬼魅摄取人的灵魂〈魂を

摁る〉。今鲁西南菏泽、金乡等地仍用此词。

156) ……也不是常法儿。
常法儿 [tsʻaŋ42-55far213]：名词，即长久之计〈先を見通した考え〉。今见于鲁西、鲁南。曲阜话例：两口子成天价生气闹乱子也不是个～。

157) 垫地脚带山子上也添勾一百多车子。
山子 [sā213-21tsɿ·]：名词，即屋子的山墙〈屋根の棟〉。今见于鲁西南。(参见63"房山")

158) 到跟前拿银子和他讲。
跟前 [kē213-21tɕʻiā· / ker213-21tɕiā·]：名词，分别表示方位和时间〈そば、その時〉。普通话的"跟前"用法比较单一，一般表示方位，如桌子～、墙～等。今鲁西、鲁南等方言里，"跟前"除了表示方位，还表示时间，如年～。本文的"到跟前"表示的是时间，即"到时候"。

第三十六回

159) 一个人家闺门女子，好歹不同，也等教媒人慢踏听看将来。
好歹不同 [xɔ55-42tɛ55pu213-21tʻuŋ42]：动词短语，即无论如何〈いいかどうかを問わず、どうしても〉。原指好的与歹的自有不同，今鲁西、鲁南等方言有称"好歹之说"、"好歹不论"。鱼台话例：人家是上边儿来的，～，上级的精神了解得也比咱透。
踏看 [tsʻa55-45kʻā·]：动词，即查看，调查了解〈調べる〉。今见于鲁西、鲁南、鲁中等。"踏"读做 [tsʻa55]，常见的还有"踏泥"、"踏雪"。因此，方言中的"踏看"也可以写作"查看"。

160) 蒙二公不弃蜗居，伏乞暂驻文旆。
蜗居 [uə213-21tɕy·]：动词，在狭窄的地方居住或停留〈粗末な住まいに隠れ住む〉。今见于鲁西南、鲁中。本文中含屈尊之义。

第三十七回

161) 小名叫爱姐。

　　小名 [ɕiɔ55-45miə̃r42]：名词，即乳名〈幼名〉。鲁西南方言又称"奶讳"，与此相对的叫"大号"（学名）。至今农村中人们仍多有两个名子。

162) 到明日房子也替你寻得一所，强如在这僻格剌子里。

　　僻格剌子 [pi312-31kə· la213-21tsʅ·]：名词短语，即偏僻的角落〈辺鄙なところ〉。语义上与"背哈喇子"（参见114）几乎一致，但侧重略又区别："僻格剌子"重在表现角落，而"背哈喇子"重在表现缝隙。

第三十八回

163) 西门庆道，他少下我的，我有法儿处。又一件，应二哥……只不叫他打着我的旗儿东诓西骗。

　　法儿处 [far213-21tʂ'ur]：名词，即办法、对策〈方法、対策〉。"有法儿处"原指有办法应付，其否定形式是"没法儿处"。这种表现20世纪60年代在鲁西南方言里还很普遍，但今天已很少见了。金乡话例：事到如今，还有啥～？（还有什么办法呢？）

　　又一件 [iou312-31i213-23tɕier312]：连词，同"还有"、"并且"〈また、その上〉。今见于鲁西、鲁南等地。菏泽话例：咱不能光听他那一面之辞，他说的不一准都是真的。～，他到底向着哪边说话咱还没摸清哩。

164) 你只顾放心，但有差迟，我就来对哥说。

　　但 [tã312]：副词，实为"旦"，即一旦、只要之义〈……さえすれば、いったん〉。今鲁西、鲁南方言又称"旦是"、"旦是哩"，都表"一旦"之义。单县话例：～有一星法儿谁能把亲生的孩子给人家？

165) 故意连我、嚣我、讪我又趋我。

　　连 [liã42]：动词，即欺骗〈騙す〉。同例113的"信"。今鲁西南方言例：

当紧别信他那一套，他那是～你哩。

嚣 [ɕiɔ213]：动词，即羞辱、害羞之义〈恥ずかしがる、からかう、恥ずかしがらせる〉。"嚣"实际是"羞"，在今鲁西南方言仍延用古读。如金乡话例：头一回见面儿，～得我脸通红。／你～不著他，他脸皮厚。

166) 你还把你女儿这礼钱收去，也是你两口儿恩养孩子一场。

恩养 [ɣẽ213-21iaŋ55]：动词，即养育之义〈養育する〉。又引申为生育〈生む〉，含贬义。金乡话例：娶喽三四年啦，连个孩芽儿没～出来。

167) 叫了声贼狠心的冤家，我比他何如。盐也是这般盐，醋也是这般醋。砖儿能厚，瓦儿能薄。

能 [nəŋ312]：代词，同"恁"，即如此，这般之义〈こんなに、こうした〉。本文表示厚此薄彼。聊城话例：几年不见，这孩子长～高低啦。

168) 我的儿，真个瘦了些。

真个 [tsẽ213-21kə·]：形容词，即当真、真格〈本当である、ほんとうに〉。今鲁西、鲁南方言又称"当真个的 [taŋ312-31tsẽ312-21kə312-55li·]"。曲阜话例：我给你闹著玩哩，你甭～生气。

第三十九回

169) 闪得俺姊妹几个无处归落。

闪 [sā55]：动词，同抛弃、撒弃〈捨てる〉。方言中，"闪"还表示故意使别人为难、丢脸之义。青岛话例：我不是没听见他招呼我，是故意～他。

170) 月娘道，嗔道恁王小的鼻儿乌，嘴儿黑的，成精鼓捣，来听什么经。

成精 [tsʻəŋ42-55tɕiŋ213]：副词，即故意、存心，含贬义〈わざと〉。今见于鲁西南。金乡话例：你～气死我呗是 (你是不是存心气死我)？今方言又称"成心"。

鼓捣 [ku55-45tɔ·]：动词，原指摆弄、捣鼓，本文指捣乱、作怪〈いじく

る、そそのかす〉。今鲁西南方言中,"鼓捣"的意义一般指限于前者了。

第四十回

171) 只见月亮地里……穿着红衣服进来。

月亮地 [yə13-21liaŋ·ti312]：名词,意思有两个：一指月光〈月の光がさすところ〉,二指月亮〈月〉。本文的"月亮地里"即月光下。又见第八十三回：大月亮地里,蹑足潜踪,走到前房窗下。该句中的"大月亮地"即"明亮的月光"。今鲁西南方言又称"月明地儿"、"月姥娘地儿"。

172) 金莲道,那是大伙里酒,不算。

大伙里 [ta312-42xuɔ5-45li·]：名词短语,即大伙的〈みんなの〉。今见于鲁西、鲁南等地。普通话的三个结构助词"的"、"地"、"得"在当地方言里一律读作"里 [li·]",如：他里孩子、我写里字（里：的）,专心里学、抓紧里干（里：地）,饿里慌、馋里血很（里：得）。

173) 你把南边新治来那衣服……只顾放着,怎生小的儿也怎的。

小的儿 [ɕiɔ55-45trer·]：名词,即小的、崽子,与"大的"相对〈小さなもの、赤ちゃん〉。"生小的儿"比喻下崽。

怎……怎的：属于句中成分的反复现象。"怎生小的儿也怎的"一句用普通话来表达,可以有两种形式："怎么还想让它生小的吗？""还想让它生小的怎么着？"（参加笔者2000《鲁西南句法三题》）

174) 我长是说着,你把脸愁着。

长是 [ts'aŋ42-55sʅ·]：副词,即经常、时常〈常に、いつも〉。又做"常时"（参见37）。

第四十一回

175) 妇人道,我知道,他和我两个殴业。

殴业 [ŋou312-31iə·] (济南)：动词，即怄气，闹别扭〈腹が立つ、むしゃくしゃする〉。今山东大部分地区作"怄"。

176) 俺们一个一个，只像烧糊了的卷子一样。
卷子 [tçyā55-45tsๅ·]：名词，中国北方的一种面食。制做方法与馒头相似，形状是长方形的〈長方形の饅頭のような主食が、餡がない〉。卷子的种类很多，有发面～、死面～、花拉虎～、茴香～、葱花～等。

177) 做亲也罢了，只是有些不搬陪。
搬陪 [pā213-21p'ei·]：形容词，实为"般配"，指条件相称〈つりあう、似合う〉。金乡话例：这小两口血～。

178) 姐姐，你知我见的，将就脓着些罢了。
脓 [nuŋ213] (济宁)：动词，即坚持、忍受〈我慢する〉。今见于鲁南、鲁西等地。方言又称"胡脓"。济宁话例：再～几年吧，等孩子大大就好啦。

第四十二回

179) 每人青花白地吃了一大碗八宝攒汤……只留了一个包儿压蝶儿。
压蝶儿 [ia213-21tier42] (济宁)：动词短语，即故意把食物留在碟子里〈わざと食べ物を皿に残すこと〉。山东有压岁、压箱、压筐儿等习俗。压岁用钱，压箱用衣服，压筐儿则用馒头等主食。压蝶儿一般是用炒的菜，本文用的是包子。按照旧俗，到别人家做客时，不能把饭菜吃光，应故意剩下一些，以表示主人准备得充分，吃不了。

180) 甚是奇巧。
奇巧 [tç'i213-21tç'iɔ·] (济宁)：形容词，稀奇、蹊跷〈奇妙である、怪しい〉。曲阜话例：什么～事儿都叫你碰上啦。

第四十三回

181) 你三个怎的三不知不和我说就走了，我使小厮落后赶你不着了。

三不知 [sã213-23pu213-23tsŋ213]：形容词，即天不知、地不知、人不知，比喻不声不响、神不知鬼不觉等〈こっそり〉。今见于鲁西、鲁南等地。单县话例：正在这里干得好好儿哩，～他卷起铺盖卷儿溜啦。

落后 [luə213-23xour312]：时间名词，即后来、过后〈その後〉。菏泽话例：这就把账算清，该得钱的得，该拿钱的拿，省得～再麻烦。

182) 迟了一回，反乱起来。

反乱 [fã55luã312]：形容词，一般指家庭内部造反作乱、混乱不堪〈家庭内部が大混乱する〉。

183) 俺里边人家，最忌叫这个名声。

忌叫 [tɕi312-42tɕiɔ·]：动词，实为"计较"，即讲究、在意之义〈大切にする、気にする〉。今鲁西南方言把"过于计较"称为"叫儿"，略含贬义。如济宁话例：这人崩叫儿，甭给他掺和。

第四十五回

184) 玳安道，精是攮气的营生，一遍生活两遍做，这咱晚又往家里跑一趟。

攮气 [naŋ55tɕ'i312]：动词，即吃气、受气〈いじめられる〉。今见于鲁西、鲁南。金乡话例：他成了家的个～包啦，谁都照着他撒气。"攮"表示用坚硬之物或利器戳、捣、刺等义，如：麻袋上攮喽个窟窿。另，还表示硬往容器中塞之义，如攮饭。

第四十七回

185) 你两个贱人，专一积年在江河中……图财害命。

积年 [tɕi213-21ŋiã42]：时间名词，即多年来、长期〈数年間ずっと、長い

間〉。又见第七回中：那厮～把持官府，刁徒泼皮。与"经年"、"见年"不尽相同。

第四十八回

186) 响器锣鼓一起打起来。

　　响器 [ɕiaŋ55-45tɕ'i·]：名词，专指用于丧事的吹奏、打击乐器，主要包括锁呐、笙、笛子、锣等〈中国北方的葬式で使う民間の吹奏楽器、打楽器の総称〉。今见于鲁西南。金乡歇后语例：吹～的分家——摊不着号。

187) 你还不叫奶子抱了孩子往后边去罢哩。

　　罢哩 [pa·li·]：语气词，表示一种委婉的催促语气，相当于"吧"或"啊"。今鲁西南方言多说"不哩"。如菏泽话例：咱走不哩！（咱们走吧）／你再坐会儿不哩！（你再坐一会儿吧／啊）

188) 你老人家摸量着惜些情。

　　摸量 [mu55-45liaŋ·]：动词，估摸、掂量〈考える、気配りをする〉。单县话例：他去喽多半天啦，我～着快该回来啦。

　　惜情 [ɕi213-21tɕ'iŋ42]：动词，即留情，本文指手下留情〈手加減する〉。"惜"有爱惜、爱怜之义，如"这人干活惜力"即不愿出力。

第五十回

189) 两个顽脑了。

　　顽脑 [uã42nɔ55]：动词，即动怒、动真格的〈怒る、本気でやる〉。今见于鲁南、鲁西南。"脑"应为"恼"，表恼怒之义。鱼台话例：人家给你说子玩哩，你咋～啦？

190) 里边有十数家，都是开坊子吃衣饭的。

　　衣饭 [i213-21fɛr·]：名词，即营生、行当〈勤め口、仕事〉。"吃衣饭"指做

营生、维持生计〈生計を立てる、生活を営む〉。单县话例：人啊, 该吃啥～不是犟的。

第五十一回

191) 我还把他当好人看成, 原来知人知面不知心。

看成 [kā312-31tsʻəŋ·]：动词, 即看待、对待〈対処する〉。今见于鲁西、鲁南等地。方言又称"待成"。菏泽话例：俺原根儿都把他当亲生的孩子～哩。

192) 当家人是个恶水缸儿, 好的也放在你心里, 反的也放在你心里。

恶水缸儿 [ɤə213-21suei55kār213]：名词, 即盛残渣剩饭或淘米水的缸〈残りの料理や残りのご飯や、あるいは米のとぎ汁を入れるかめ〉。今见于鲁西、鲁南、鲁中。"恶水"与"净水"、"清水"相对, 鲁西南方言又称"浑水"。又, 第七十六回：娘, 你是个当家人, 恶水缸儿, 不能大量些罢了, 却怎样儿的。

193) 王三官便夺门走了。我便走在隔壁人家躲了。家里有个人牙儿！

人牙儿 [zẽ42iar42]：名词, 比喻孩子、幼儿〈こども、幼児〉。本作品又写作"人芽儿", 如第三十二回：那潘金莲笑嘻嘻的向前戏弄那孩子, 说道, 你这多少时初生的小人芽儿, 就知道你妈妈。"人牙儿"同"人芽儿"。"芽"指植物的幼体, 如"树芽"、"香椿芽"。今桓台方言又称"人芽子", 指的就是不懂事的孩子（《山东方言词典》p152）。鲁西南方言又称"孩芽儿", 如菏泽话例：娶喽四五年啦, 到如今连个孩芽儿都没治出来。有的学者将"人芽儿"解释做"人影儿", 可见是不妥当的。另, 今方言还有"舅芽儿"的说法, 多用于骂人的粗话里, "这家伙真没舅芽儿", 指的是不通事理, 缺乏教养。

第五十二回

194) 把西门庆弄得浑身通泰。

通泰 [tʻuŋ213-21tʻɛ·]：形容词, 即舒坦、舒服〈気分がよい、気持ちがよい〉。又见第六十七回：伯爵问道, 哥滚着身子, 也～自在些么？今见于山东

大部分地区。在鲁西南方言里,"通泰"还表示通晓事理之义。单县话例:人家这人儿多～,不像你,光知道钻死牛角。

195) 我说跟着王家小厮,到明日有一欠。今日如何撞到这网里。怨畅不的人。

怨畅 [yã312-42tsʻaŋ·]:动词,实为"怨怅",即怨恨、埋怨〈恨む、とがめる〉。今见于鲁南、鲁中、鲁西南。曲阜话例:你呀,整天价～这个,～那个,就是不看看你自家。

196) 我就单丁,摆布不起你?

单丁 [tã213-23tiŋ213]:名词,原指独自一人,泛指"一个"〈ひとり、ひとつ〉。今见于鲁西、鲁南。方言又称"独丁"、"独孤丁"。打牌时出一张,方言叫单丁,独生子女也叫单丁。

197) 如今年程在这里。

年程 [n̢iã42tsʻəŋ]:名词,一般写作"年成",又称"年头儿",即年景〈農作物の作柄〉。鲁西南农谚例:正月十五雪打灯,来年还是好～。

198) 头里吃了些葱,这回子倒反帐儿,恶泛泛起来。

反帐儿 [fã55-45tsãr·]:动词,由于饮食过量等引起的一种肠胃不适的感觉〈食べ物が胃にもたれたり吐き気を催したりする症状〉。"帐"应为"涨",读轻声。

恶泛 [ɤə213-21fã·]:心理动词,即恶心、厌恶〈気分が悪い、嫌い〉。今见于鲁西南、鲁中等地。"泛"实为"烦"。"恶泛泛起来"义即"犯起恶心来"。今嘉祥话例:这孩子血～人。(令人讨厌)／他老觉着～得慌。

199) 西门庆把手来待摸他。

待 [tɛ312]:副词,即正要〈ちょうど…しようとする(時)〉。今多见于鲁中。泰安话例:我～说出门哩,家来客啦。

第五十七回

200) 尼姑生来头光光，拖子和尚夜夜忙。

　　子 [tsɿ]：动态助词，即"着"。鲁西南方言中，所有的动态助词"着"都读作"子"。如：跑子、拿子、笑子、亮子灯、好子哩（子：着）。

第五十八回

201) 他佯打耳睁的不理我。

　　佯打耳睁 [iaŋ55-42ta·er55-31tsəŋ213]：形容词，比喻大大咧咧、满不在乎〈無頓着なさま、気まぐれなさま〉。今见于鲁西、鲁南。单县话例：你看你，整天价～的，哪还有个闺女样儿？

第五十九回

202) 今日你当脱不了打这条路儿去了。

　　脱不了 [tʻu55pu·liɔ55]：动词短语，即免不了〈避けられない〉。今见于鲁西、鲁南、鲁中。鲁西南方言又称"晚不了"、"晚不的"、"跑不了"、"避不着"、"避不了"等。曲阜话例：俺几个都没这本事，还～你亲自跑一趟。

203) 金莲道，你看这婆子，这等张睛。俺猫在屋里好好儿的卧着不是，你们乱道怎的。

　　张睛 [tsaŋ213-21tɕiŋ·]：形容词，同"张狂"，表行为莽撞、言语失当〈粗忽である、無鉄砲である、軽率である〉。今鲁西南方言中，"张睛"还表操劳、辛苦等意义〈苦労する〉。金乡话例：我就是个～命儿，一闲下来还浑身不是味哩！

第六十回

204) 从新递酒上座。

　　从新 [tsʻuŋ42-55ɕiẽ213]：副词，同"重新"〈新たに、新規に〉。鲁西南等

地方言中没有舌尖后音 tṣ-、tṣ'-、ṣ-、ẓ-声母，凡是舌尖后音声母的字一律读作相应的舌尖前音 ts-、ts'-、s-、z-声母。因此，方言中"从新"与"重新"同音。

205) 一个急急脚脚的老小……往前只管跑走，撞着一个黄白花狗。

急急脚脚 [tɕi213-21tɕi213-55tɕyə213-23yɕyə213]：形容词，同"急急忙忙"、"匆匆忙忙"〈慌ただしい、急いで〉。今见于鲁西、鲁南。今方言又表示行为不稳重、毛毛糙糙，又写作"鸡鸡蹶蹶"，还称作"鸡毛蹶腚"。济宁话例：他这人，一点不牢靠，成天～的。

第六十一回

206) 金莲道，稀幸，那阵风刮你到我这屋里来。

稀幸 [ɕi213-21ɕiŋ·]：形容词，即因稀罕而感到幸运〈珍しい〉。今见于鲁南、鲁西、鲁中等地。鱼台话例：这会儿的小孩儿都血～。

第六十二回

207) 生生忧虑出病儿来了。

生生 [səŋ213-23səŋ213]：副词，同活活儿、活生生〈生きながら、むざむざ〉。后面通常出现不好的结果。济宁话例：好好的一个家～毁到他手里。

208) 你就不来看我看儿。

看我看儿 [k'ā312-31uə·k'ɛr·]：动词短语，即看看我、看我一看〈ちょっと会いに来る〉。这种句子形式在鲁西南方言里比较常见。

209) 婆子道，又敢缠你老人家。

敢缠 [kā55-45ts'ā·]：动词，即操劳、麻烦〈苦労する、面倒を掛ける〉。"敢"实为"赶"。今见于鲁西、鲁南。方言又称"赶扯"。菏泽话例：孩子小，血～人。

210) 这一件衣服并这件首饰，与你做一念儿。

　　一念儿 [i213-21n̠ier·]：名词，实为"遗念"，即纪念、纪念品，专指对故人的怀念，以表见物思人之义〈形見〉。今见于鲁西南方言。金乡话例：俺娘就留下这点儿～。／烧香摆供啥的，都是活人的～。

211) 我原说教你休撅上奶去，实指望我在一日，占用你一日。

　　撅奶 [tɕy42nɛ55]：动词，本文指断奶，同今鲁西南方言的"断奶"〈断乳する〉。今方言的"撅奶"指哺乳期间的妇女乳房因收到碰撞而使奶水分泌受阻或者由于婴儿数日不食母奶而导致奶水中断。

212) 西门庆道，乃是第六的小妾，生了个拙病，淹淹缠缠也这些时了。

　　淹淹缠缠 [iã213-21iã213-23tsʻã·tsʻã·]：形容词，即拖延、拖拖拉拉〈付き纏う、からむ〉。今鲁西南方言多称"蔫蔫缠缠"。

213) 到十月十二发引。

　　发引 [fa213-2liẽ55]：动词，即出殡〈出棺する〉。今见于鲁西、鲁南。方言又称"出丧"、"发丧"。

214) 有那些儿不是，说来好改。

　　不是 [pu213-21sʅ·]：名词，缺点、错误、毛病〈欠点、過失〉。济宁话例：在他眼里，我一点好处没有，浑身上下净～。

215) 我心里疼他，少不里留了个影像，早晚题念他题儿。

　　少不里 [sɔ55-45pu·li·]：副词，即难免〈免れない、避けられない〉。实为"少不得"，今鲁西、鲁南方言里"的"、"地"、"得"仍都读作"里"[li·]，因此，"少不里"就是"少不得"。

　　题念 [tʻi42-55n̠iã·]：动词，即提起、念叨〈言い出す、話しに触れる〉。今见于鲁西、鲁南、鲁中。曲阜话例：离家这几年，咱娘天天～你。

216) 哭两声丢开手罢了，只顾扯长绊儿哭起来了。

长绊儿 [tsʻaŋ42-55pʻɛr312]：名词短语，指好长一段时间〈長い間〉。今见于鲁南、鲁西。方言又称"大绊儿"、"老大绊儿"、"一大绊子"、"老大崩子"、"一大崩子"等。本文的"扯长绊儿哭起来了"指哭了好长时间。单县话例：待娘家住喽老大绊子啦，俺也该回家去啦。

217) 这咱才三更天气，门也未开，慌得什么，都来大坐回儿。

  这咱 [tsə312-31tsa·]：时间名词，即这时候，本文指现在〈このとき、今現在〉。同"这咱晚"（参见19）。

  大坐回儿 [ta312-31tsuə312-31xuer·]：动词短语，即多坐一会儿〈もっとしばらくいる〉。"大"所表示的语义相当于"多"，如"大些人"即"很多人"。在青岛话里，"喝大了"即喝酒"喝多了"。

第六十四回

218) 薛内相道，那蛮声哈剌，谁晓的他唱的是甚么。

  蛮声哈剌 [mā42-55səŋ213-21xa55la·]：形容词，指中国南方人说话的声音，含贬义。本文义为〈あの人のちんぷんかんぷんの歌は、なにを歌っているのか誰にも分からない〉。今鲁西南又称"蛮儿嘎啦"、"蛮儿呱啦"、"蛮儿嘎啦音儿"、"蛮儿呱啦音儿"。

第六十五回

219) 西门庆那日不在家……后晌回来，晚夕打发喇嘛散了。

  后晌 [xou312-42xaŋ·／xəŋ312-42xəŋ·]：时间名词，本文指下午〈午後〉。今鲁西南方言里有的地方指下午，如单县、成武，有的地方指傍晚或晚上〈晚、夕方〉，如金乡、嘉祥。

220) 十一日白日……

  白日 [pei42-55i31]（莱西）：名词，即白天，与"黑日"相对〈昼〉。今见于鲁东、鲁中等地。

221) 那女婿陈经济跪在柩前摔盆。

　　摔盆 [suei213-21pʻẽ42]：动宾短语，又称"摔老盆"。山东丧葬习俗，出殡时，在棺材抬起的同时，死者的长子在棺材前将一瓦盆摔破，表示悲痛之极〈出棺のとき、喪主が紙銭を焼き、素焼きの鉢を投げて割る〉。这时的盆称为"老盆"。如果死者没有儿子，则由最亲近的晚辈男子代替。因此本书中女婿陈经济为其岳母身分的李瓶儿摔盆。

222) 老先生，你不知，他家孤老多，到晚夕桶子掇出屎来，不敢在左近倒，恐怕街坊人骂。

　　左近 [tsuə55-42tɕiẽ312]：名词，本文指附近、近处〈付近、近く〉。又见第六十九回：休令～人知道。今鲁西南方言中，"左近"除了表示空间，还可以表时间，同"最近"。如菏泽话例：我～没出门儿。

223) 我的儿，你肚子里枣胡解板儿，能有几句儿？

　　枣胡解板儿，能有几句儿 [tsɔ55-45xur42tɕiə55-42pɛr55, nəŋ42iou55-42tɕi55tɕyer312]：歇后语，至今广泛使用于鲁西南。以枣核微小，要解成板子，自然禁不住几锯来比喻肚子里没有多少词儿。"几锯"与"几句"谐音。

224) 你每一家裁一件。

　　一家 [i213-21tɕia·]：数量短语，即每个人〈ひとりごと〉。今见于鲁西、鲁南、鲁中等。金乡话例：共总六个，咱仨分，正好～俩。

第六十七回

225) 头上只小雪，后来下大雪了。

　　头上 [tʻou42-55xaŋ·]：时间名词，即起先、当初〈最初〉。今鲁西南方言多称"头上来"、"头先先"、"先先"等，与"后来"相对。单县话例：头上来知不道上学中用，等后来知道啦，又晚啦。

第六十八回

226) 我不是还坐回儿,许多事在身上。

不是 [bu213-21sʅ·]:连词,即不然、要不,表示一种假设否定的语义〈そうじゃなければ〉。今见于鲁西、鲁南。方言还有"不"、"不的"等说法。值得注意的是,这类假设复句中前后两个分句的排列顺序与普通话有区别。若把例句换成普通话,则为:我要不是有许多事在身上,还会坐一会儿的。

第七十回

227) 难得寻下这房舍,我家做官的去到那里就有个归着了。

归着 [kuei213-21tʂuər·]:名词,即归宿、着落〈落ち着くところ〉。又见第六十二回:你老人家若有些好歹,那里～?今鲁西、鲁南方言有称"归落儿"、"归处儿"。曲阜话例:房子再一卖,全家人连个～也没啦。

第七十二回

228) 这怎的这等生分,大白日里借不出个干灯盏来。

生分 [səŋ213-21fē·]:形容词,即冷淡、疏远〈無愛想である、疎遠である〉。今见于山东大部分地区。济宁话例:虽说他头一趟来,倒一点不～。

大白日里 [ta312-31pei42-55tsʅ·li·]:时间名词,即大白天〈まっ昼間〉。今见于鲁西、鲁南、鲁中等。鲁西南又称"大天白日里"、"青天白日里"。其中"白日里"又写作"白子里"。金乡话例:你别～说梦话啦!

229) 把棒槌匹手夺下。

匹手 [pʻi213-21sou55]:形容词,今多写作"劈手",形容手的动作极快,同"一把"〈手をさっと動かす、手早い〉。方言还有"劈脸"(照着脸)、"劈头劈脸"(没头没脸)、"劈腚"(照着屁股)、"劈空儿"(平白无故)等说法。如曲阜话例:劈脸打了人家一耳刮子/劈腚给了我两脚/劈空儿惹出这样的麻烦来。

230) 他还嘴里砒里剥刺的，教我一顿卷骂。

　　卷骂 [tɕyã55ma312]：动词，即骂〈ののしる〉。"卷"即"骂"。今鲁西南方言单用时多说"卷"，很少用"骂"，如说"卷人"、"卷空儿"，一般不说"骂人"、"骂空儿"。只有当二者连用时才能见到"骂"的使用，如：卷卷骂骂、连卷带骂。

231) 何太监侄儿何千户……任事儿不知道。

　　任事儿 [zẽ42-55ʂer213]：名词短语，即无论什么事、指任何事情〈すべてのこと〉。下文紧接着的一定是一个否定形式，本文的"任事儿不知道"又说"任事儿不懂"，表示狗屁不通。

232) 不争爹因着那边怪我，难为小的了。

　　不争 [pu213-55tsəŋ·]：动词，即说不定、可能〈ひょっとしたら……かもしれない〉。今见于鲁西南。方言又称"不定"、"不等"。金乡话例：他这一走，还～啥时候再来哩。

第七十三回

233) 又进房来，用倒口针撩缝儿，甚是细法。

　　撩 [liɔ42]：动词，即缝〈縫う〉。今见于鲁西南。方言中仅"缝"的动作形式就有多种，如"撩"（缝儿）、"引"（被子）、"绣"（荷包）、"缀"（带子）、"绡"（鞋帮）、"绮"（鞋口）、"纳"（鞋底）、"打"（补丁）等。

　　细法 [ɕi312-42fa·]：形容词，即精细、仔细，与粗鲁、粗糙相对〈きめ細かい〉。鱼台话例：人家可是个～人儿，哪像咱，粗粗拉拉的。

234) 那一个因想起李大姐来，说年时孟三姐生日还有他，今年就没他了。

　　年时 [ȵiã42sʅ·]：时间名词，即去年〈去年〉。今见于鲁西南。如单县童谣：～盼子今年好，今年还是破棉袄。(盼子：盼着)

235) 想必每常见姐姐, 每多全全的, 今日不见了李家姐姐。

每常 [mer55-45tʂʻaŋ·]：时间名词, 即从前、以往〈以前、昔〉, 与下文的"今日"相对。今鲁西南方言又称"每儿上"、"每儿每儿上"。单县话例：～咱城里的牌坊可多啦, 文革的时候都破坏啦。

236) 你取我的柱腰子, 垫在你腰底下。

柱腰子 [tsu55-45iɔ·tsʅ·]〔单县〕：名词, 又写作"主腰子", 即小棉袄〈綿入れ上着〉。今单县方言又称"主腰儿"。

第七十四回

237) 爹赏了我两件袖绢衣裳年下穿。

年下 [n̠iã42-55ɕia·]：时间名词, 指春节或春节前后〈旧正月、旧正月前後〉。今见于山东大部地区。如下面两例：到了～家家户户吃扁食。(春节)／大～咱也该歇两天啦。(春节前后) 又做"年现"。

238) 俺们这里边人, 一个气不愤一个。

气不愤 [tɕʻi312-31pu213-23fẽ312]：动词, 即不服气、气愤〈心服しない、納得しない〉。原文"一个气不愤一个"指互不服气。在滕州和邹城方言里"气不愤"还表"气不顺"之义。

239) 咱两家轮替着管茶。

轮替 [liẽ42-55tʻi·]：动词, 即轮流、替换〈代わる代わる、交代に〉。今鲁西方言中此处的"轮"读如"临", 又称"轮轮"(读如"临临")。阳谷话例：老人在几个儿子家～吃饭。

第七十五回

240) 迎春知局, 往后面厨房内与绣春坐去了。

知局 [tsʅ213-21tɕy42]：形容词, 即知趣〈気をつかう〉。"局"原指棋盘上

対奕双方的局势，引申为招数、办法、趣味，如今鲁西南方言的"无局"、"没局"都表示没意思、没趣儿。"不知局"方言又称"看不出眉眼高低"，表"不知趣"。

241) 如狗嗟糠子一般。
嗟 [tsʻa55]：动词，猪狗吃食谓之嗟〈豚、犬など動物の）食う〉。今见于鲁西、鲁南。如：猪～食／狗改不了～屎。

242) 单管两头和番。
和番 [xuə42-55fã·]：形容词，指关系融洽、性情温和、处事灵活等义〈仲がよい、親切である、頭の回転が速い〉。今见于鲁西、鲁南、鲁中等地。金乡话例：小两口血～。（关系融洽）／大嫂是个～人。（性情温和）／出门在外当紧～着点儿。（灵活）
单 [tã213]：副词，同"专"，即专门，故意〈わざと、故意に〉。曲阜俗语例：吃柿子～拣软的捏。又称"单为"。（参见 243。）

243) 他单为行鬼路，脚上只穿毡底鞋。
单为 [tã213-21uei·]：副词，即故意，特意〈わざと、故意に〉。今鲁西南方言还有"单为意"[tã213-21uei·i213]、"特为意"[tɛ42-55uei·i213]、"特为"[tɛ42uei42]。济宁话例：为了他的事儿，我又～跑喽一趟。

244) 月娘道，平不答的请什么医官，随他去。
平不答的 [pʻiŋ42-55pu·ta213-21li·]：形容词，即平白无故〈なんの理由もなく〉。菏泽话例：我又没招你惹你，～你找我的事儿治啥？

第七十六回

245) 不消说了，明日教他走道就是了。
走道 [tsou55tɔr312]：动词，即离开，含轻微的贬义〈帰る、帰らせる〉。今见于鲁西、鲁南、鲁中。又称"开道儿"。本文的"教他走道"即把他赶走，

不再留用。

第七十九回

246) 等他来家，爽利替他另娶一个。

　　爽利 [faŋ55-45li·] (枣庄)：副词，即索性、干脆〈いっそのこと、あっさりと〉。今见于鲁南、鲁西。枣庄话例：这活反正一天也干不完，～今天早下班，明天再接着干吧。

第八十回

247) 经济听了，把不的一声，先往屋里开门去了。

　　把不的 [pa213-21pu·li·]：动词，同"巴不得"，即求之不得〈切望する、したくてたまらない〉。今方言又称"巴不迭里"、"巴不能里"、"巴不得里" [ba213-21pu·tei213-21li·]。

第八十三回

248) 我娘自来会撇清。

　　自来 [tsʅ312-31lɛ42]：副词，即原本、历来、向来〈もともと、いままでずっと〉。今鲁西南方言又称"原根儿"、"安根儿"。菏泽话例：这衣裳～旧。

　　撇清 [pʻiə213-23tɕʻiŋ213]：动词，即假装正经地表白〈無関係な顔をして潔白を装う、潔白のふりをする〉。今见于山东大部地区。单县话例：别～啦，大伙心里都明镜似的。

249) 春梅走到前边，撮了一筐草，到印子铺门首叫门。

　　撮 [tsʻuə213]：动词，即装〈ものを入れる〉。今鲁西、鲁南方言仍频繁使用，如：～粮食、～柴火、～土、～垃圾等。本文"撮了一筐草"指装了一筐草。

250) 更燕醋煮好红花，管取孩儿落下。

　　管取 [kuã55-42tɕʻy55]：副词，保证、绝对、肯定〈絶対に、必ず〉。今见于鲁西、鲁南等地，又称"包管"、"管"。鱼台话例：到了他家，～叫你受不了屈。

251) 睡在炕上，教春梅按在身，只情揉揣。

　　情 [tɕʻiŋ42]：动词，即任凭之义〈意のままにさせる、自由に任せる〉。今鲁西南方言中有时还表"尽管"〈存分に、構わずに〉，如"情好儿"、"情享福"、"情睡你的安稳觉吧"中的"情"。

　　揣 [tsʻuɛ213]：动词，以拳击软物〈こぶしで押す〉。今见于鲁西南。如菏泽话例：～人（用拳头推人）、～面（以拳揉面）、～窝窝（和面坐窝窝头）。

252) 令秋菊搅草纸。

　　搅 [tɕiɔ55]：动词，实为"铰"，即用剪刀剪〈鋏で切る〉。至今鲁西、鲁南方言仍多用"铰"，很少用"剪"。金乡儿歌例：梨花头，剪子铰，出门就叫花狗咬。

第八十六回

253) 薛嫂道，是在我这里，还没上主儿哩。

　　主儿 [tʂuer55]：名词，即主顾、主人，又专指丈夫〈顧客、所有者、夫〉。本文指主顾。下面例子的前者指主人，后者指丈夫。这只羊没～。／那媳妇又寻～啦。（寻主儿：嫁人）

254) 就是清水，这碗倾倒那碗里，也得抛撒些儿。

　　抛撒 [pʻɔ213-21sa·]：动词，即损失、浪费之义，又写作"抛洒"〈撒き散らす、撒き散らされる〉。今见于山东大部分地区。济宁话例：挣几个钱儿不易，别都～喽！

255) 原来这等央脑风。

央脑风 [iaŋ213-21nɔ55fəŋ213]：名词，同羊角风〈癲癇〉。全身痉挛，神志不清。本文用来比喻吴月娘的不正常。

第八十七回

256) 善恶到头终有报，只争来早与来迟。

只争 [tsʅ55-42tsəŋ213]：动词短语，"只"即只不过、只有〈ただ…に過ぎない、僅かに〉，"争"表示"差别"。今济宁话例：我还争他两块钱没还哩。／那几位都到齐啦，～你啦。

257) 那武松……一连吃了四五碗。婆子见他吃得恶，便道……

恶 [ɣə213]：形容词，即强、出色〈強い、すばらしい〉。今见于鲁西、鲁南。枣庄话例：这孩子血～，两三个人打不过他。(指力量强)／这孩子血～，全班考第一。(指成绩出色)

258) 武松道，老猪狗……你教西门庆那厮垫发我充军去，今日我怎生又回家了。

垫发 [tiā312-42fa·]：动词，即教唆、暗中指使〈そそのかす、示唆する〉。今鲁西南方言又写做"点画"、"点发"等。单县话例：这事他咋咋知道哩？准有人～。

第八十九回

259) 好的带累子歹的。

带累子 [tɛ312-31lei·tsʅ·]："带累"，动词，表连累、牵连之义〈巻き添えにする〉。"子"是动态助词，即"着"。"着"在鲁西南方言里一律读作"子"。(参见《金乡方言志》、《聊城方言志》)

260) 玉楼止留下一对回回壶与哥儿耍子做一念儿。

回回 [xuei42-55xuei·]：名词，即回族，中国少数民族之一，信仰伊斯兰教〈回族〉。今鲁西南方言又称"羊回回"、"老表"等。

第九十二回

261) 三里抹过没州县，五里来到脱空村。

抹[mə312]：动词，即绕〈回り道をする〉。今见于鲁西、鲁南。金乡话例：看来这场雨够呛下下来里啦，云彩打东边～过去啦。

262) 吴月娘连忙拜谢了知县……委付来昭厅下伺候。

委付[uei55-45fu42]：动词，即委托、托付之义〈委託する、依頼する〉。今见于鲁西、鲁南等地。单县话例：跑跑癫癫的事儿，～给他就中。

第九十四回

263) 薛嫂也没争兢，兑了银子，写了文书，晚夕过去。

争兢[tsəŋ213-21tɕiŋ˙]：动词，即争执或讨价还价之义〈言い争って譲らない、論争する〉。今见于山东大部地区。曲阜话例：鸡毛蒜皮的事别给她～。

第九十六回

264) 一人说，倒相个二尾子。

二尾子[er312-42tɕi˙ts˺˙]：名词，即阴阳人、两性人〈ふたなり、男女両性をそなえている人〉。今见于山东大部分地区。枣庄又作"二页子"[er51iə213ts˺˙]。

265) 如今四外好不盗贼生发。

四外[s˺312-31uɛ312]：名词，即四周、四处〈周囲、あちこち〉。今鲁西南又称"四圈儿"、"四下里"、"四外圈儿"等。菏泽话例：庄子～是一马平川。

第九十七回

266) 休胡说白道的，那羔子赤道流落到那里讨吃。

　　羔子 [kɔ213-21tsʅ·]：名词，原为动物的崽子〈動物の子〉，如羊～、兔～。又引申为骂人话，把人比做畜生。如鲁西南方言中有：大～、二～、王八～、熊～、丈人～。

267) 薛嫂道，你老人家有后眼。

　　后眼 [xou312-31iã55]：名词，比喻远见、先见之明〈先々までの見通し、遠見〉。今鲁西南方言多称"前后眼"。济宁话例：早知道尿床一夜别睡觉，谁也没长前后眼。

第九十九回

268) 王六儿……被刘二向前一脚，跺了个仰八叉。

　　仰八叉 [iaŋ55-42pa·ts'a213]：此语生动地描画出仰面朝天的样态〈のけぞって倒れる状態〉。今鲁南方言多称"仰脸八叉"、"仰儿八叉"。"八叉"指两腿叉开呈八字状。

269) 王六儿道，还有大是他的，采这杀才做啥做。

　　大是 [ta312-31sʅ·]：动词，同大似，即大于〈…より大きい〉。今方言中，「单音节形容词+是」这种形式表比较的词语还有不少，如：小是、强是、长是、多是等。济宁话例：饿喽吃糠甜是蜜，不饿吃蜜也不甜。"是"实际上是"似"，方言里二者同音，因此可以混用。

　　做啥做 [tsou312-31sa312-31tsou312]：动词短语，即干什么，多表示反问语气〈なにをやるの〉。这种结构形式属于小句的成分反复，是鲁西南方言语法的特点之一。

270) 谁知天不从人愿，一旦他先死了，撇得奴四脯着地。

　　四脯着地 [si312-21pʻu213-23tsuə42-55ti312]：动词短语，即四肢着地，原

指摔得沉重〈四つんばいの状態で地面に落ちる〉,本文比喻人落到悲惨的境地,无人照管〈苦しみにあえいでいる〉。今见于鲁西、鲁南、鲁中等地。鲁西南方言又称"四脯子着地"、"四脯儿着地"等。另《醒世姻缘传》第七十四回:素姐跑到前面,揪着头发,往床下一拉,把个狄希陈拉的四脯子着地,哼的一声,像倒了堵墙一般。

第百回

271) 后韩二与王六儿成其夫妇,情受何官人家业田产。

情受 [tɕʻiŋ42-55sou·]:动词,指赡受、承受。多指白白承受〈ただに(財物を)もらい受ける〉。又专指继承遗产〈遺産を相続する〉。今见于山东大部地区。单县话例:老公中里过活儿,咱也该着~喽。

〈参考文献〉

1. 蘭陵笑笑生著 『金瓶梅詞話』(明万暦版)
2. 山東省地方志編纂委員会編著 『山東省志・方言志』 山東人民出版社 1995年
3. 金郷県地方志編纂委員会編著 『金郷県志』 三聯書店 1996年
4. 単県地方志編纂委員会編著 『単県志』 山東人民出版社 1996年
5. 錢曽怡編著 『済南方言詞典』江蘇教育出版社 1997年
6. 董紹克・張家芝主編『山東方言詞典』 語文出版社 1997年
7. 馬鳳如著 『魯西南方言句法三題』『漢語教学与研究』1999年春季号

魯西南方言文法三話

　魯（山東省の略称）の南西部は、南は河南、安徽省に接し、東は江蘇省に臨む中国古代文化が栄えた地域である。この地方の方言は中国語の共通語である普通話の基礎方言の一つで、文法は普通話とほぼ一致するが、細かく検討すると地方の特色が存在することもわかる。本文では、現在の魯西南方言の特色と中国文法変遷過程における痕跡を明らかにする。

1.　特殊な疑問文形式

1.1　"……呗是"形式

　まず、つぎの例文を見よう。

　　　　她上学去呗是？（彼女は学校へ行くのか。）
　　　　明儿初一呗是？（明日は一日のか。）
　　　　你山东人呗是？（あなたは山東人か。）
　　　　下雨啦呗是？（雨が降ったのか。）
　　　　你吃饭啦呗是？（あなたは食事をしたのか。）

これらの例文を共通語に直せば、それぞれ2つの言い方になることができる。

　　　　她是不是上学去？　　　她上学去，是吗？
　　　　明儿是不是初一？　　　明儿初一，是吗？
　　　　你是不是山东人？　　　你山东人，是吗？
　　　　是不是下雨了？　　　　下雨了，是吗？
　　　　你是不是吃饭了？　　　你吃饭了，是吗？

　1）文の形式を一目で見れば、方言の語気詞"呗"は、共通語の疑問語気詞"吗"に相当する。したがって、文末の"是"を除き、"呗"を"吗"に換えると、多くは共通語の諾否疑問文となる。

　　　　她上学去吗？

明儿初一吗？

　　　你山东人吗？

　　？下雨啦吗？

　　？你吃饭啦吗？

　2)"呗"の後に動詞"是"があるが、この"是"は共通語の"是不是"或いは"是吗"に相当する。文の示す意味は共通語の"是不是……"、"……是吗"の疑問文型に非常に近いが、全く同じではない。この形式の疑問文と共通語の諾否疑問文や反復疑問文とを同一視するのは難しい。"呗"を"吗"に換えられても、"是"を"是不是"、"是吗"に換えてしまうと

　　　＊ 你上学去吗，是吗？

　　　＊ 你是不是上学去吗？

　　　＊ 你上学去吗，是不是？

となり、文として成立しない。理由は簡単で、この形式は諾否と反復の両方の疑問の意味を持つ混合型の疑問文形式だからである。共通語の中にはこれと完全に対応する形式はない。次にこの疑問文形式と方言にもう一つの疑問文形式（"是……呗"）の比較を行う。

　　"……呗是"形式　　　　"是……呗"形式

　　下雨啦呗是？　　　　是下雨啦呗？　　（雨が降ったのか。）

　　你叫我去呗是？　　　你是叫我去呗？　（僕に行かせるのか。）

　　一个呗是？　　　　　是一个呗？　　　（1つか。）

　　今儿歇着呗是？　　　今儿是歇着呗？　（今日はお休みなのか。）

この2種の疑問文の意味は同じで、構成成分も等しく"……呗"と"是"の二大成分があるが、この二大成分組み合わせの順序が異なる。構造的に見ると、"……呗是"は共通語との違いが大きく、"是……呗"は非常に共通語に近い。最近では共通語の影響で、多くの青少年は"……呗是"を口にしなくなり、"是……呗"、"是不是……"の形式を使用することが多くなった。しかし、筆者の調査では、中高齢者（50歳以上）の多くはまだ"……呗是"を使っている。以上により、"……呗是"はまず方言の中で使用が始まったが"是……呗"は近代書面語や共通語の影響を受け、遅れて方言の中に入ったのが分かる。そして50年のちには、高齢者とともにこの疑問文形式も消滅していくであろう。

1.2 "……不是"と"不是……"

方言にはこの2種の反語疑問文形式が存在し、両者の表す意味は基本的に等しく、どちらも共通語の"不是……吗"に対応するが、微妙なニュアンスがある。

1) "……不是"形式

この文型が使用される地域は非常に広く、南西部にとどまらず、山東省の大部分、そして河南や河北でも使う地域があり、北方出身の作家の作品にも使用されている。例：

你进城**不是**？（给我捎瓶酒来）
（町へ行くのじゃないか。ついでにお酒を1本買ってくれる。）

看看，下雨了**不是**？（我没说错吧）
（ほら、雨が降ったじゃないか。わたしの言う通りだろう。）

他要盖屋**不是**？（咱帮帮他）
（彼が家を建てるのじゃないか。ちょっと協力してあげよう。）

我给你说过**不是**？（你忘了？）
（教えてあげたじゃないか。忘れたの。）

2点注意しなければならない。第一に、疑問を示す"不是"は文末に置かれ、述語の位置にはない。第二に、文末に語気詞を用いない。共通語反問文では"不是"と"吗"は対で使われ、前者は述語の位置、後者は文末に置かれる。

2) "不是……（啊）"形式

上述の"……不是"形式はほとんど"不是……（啊）"形式に変えることができる。つまり、この2つの形式は、どちらを選んでも同じ意味を示す。

你进城**不是**？ ——— 你**不是**进城（啊）？
他要盖屋**不是**？ ——— 他**不是**要盖屋（啊）？
我给你说过**不是**？ —— 我**不是**给你说过（啊）？

次に、同じ意味を表す2種の疑問文形式が方言の中に同時に見られる点について検討を加えていく。鲁西南地区だけでなく、山東の他の地区の方言と合わせて分析すると、"……不是"と"不是……（啊）"の使用頻度に大差がなく、ともに広く影響を及ぼしていることがわかる。年齢的には若年層は"不是……（啊）"を使用することが多く、中高齢層は"……不是"の場合が少し多い。以

上により、"……不是"の形式の方が方言において使用された歴史が長く、"不是……（啊）"は書面語の影響を受けて遅れて方言に入ってきたことがわかる。また、共通語の一層の普及により、しばらくすると"……不是"は"不是……（啊）"に取って代わられる可能性もある。

1.3　文成分の反復形式

ここに言う反復とは、一つの文の中で同一の語句が反復してあらわれ、かつ二回目には文末におかれることを指す。反復して現れる語句は話者が強調した点である。共通語の会話や朗読では、文中の強調が必要な語句を重読（ストレスやアクセントをつけて読むこと）する。一般に「語句重音」、「ロジック重音」という。つまり、ことばの勢いを強めたり、長さを伸ばしたりして表現する。魯西南方言のように強調したい語句を反復させて表現する方法は普通話や他の方言にはあまりみられない。

文成分としては、主語、状語（連用修飾語）、定語（連体修飾語）及び主述フレーズの主語だけが反復可能で、述語、目的語、補語などは反復できない。具体的には次のとおりである。

1) 主語の反復

　　他走啦呗**他**？他走了没有？（彼は帰ったのか。）
　　小梁去呗**小梁**？小梁去不去？（梁君が行くのか。）
　　您几个听见啦呗**您几个**？你们几个听见吗？（君たち、聞こえたのか。）

2) 主述フレーズの主語の反復

　　我说的你听见啦呗**你**？我说的你听见了没有？
　　　　（私の話は聞こえたのか、おまえ。）
　　化肥他买啦呗**他**？化肥他买了没有？（科学肥料は彼が買ったのか。）
　　你试试这玩艺儿好使呗**这玩艺儿**？你试试这东西好不好用？
　　　　（このものが使いやすいのか、確かめてください。）
　　他个子高呗**个子**？他个子高不高？（彼は背が高いのか。）

3) 述語の反復

よく見られる述語の反復形式は"V啥V"構造である。例えば、

　　看啥看？滚！有什么好看的？滚开！（見るな。出て行け。）

哭啥哭？冤枉你啦？还哭呢？难道冤枉你了？
　　（泣きやめなさい。まさか君に罪をなすりつけることはあるまい。）
好啥好？整天惹我生气。好什么呀？整天惹我生气。
　　（全然よくないよ。いつも怒らせるからだ。）
烦啥烦？也不光你的事。有什么可烦的？也不光你的责任。
　　（いらいらしないで。あなただけの所為ではないからだ。）

疑問代詞"啥"（"什么"を用いる場合もある）は目的語となり、疑問の意味を持たない。この種の反復形式は話者の強い主観的意思を表す。早く明清時代の魯西南地区の作家の作品には述語の反復が見られる。例えば、「西周生」の『醒世因縁伝』には多くの箇所で反復表現が見られる。

　　晁夫人道："狗！是什么是！我只说夜儿们不看长！"
　　（でたらめだ。まったく違うよ。夜が長く続くわけがないと私は言ったではないか。）
　　你问什么问，你可倒那布袋还我。
　　（聞かないでよ。早くあの袋を返しなさい。）
　　拿出钱来，先把这刘芳明锁起来，合他顽什么顽？（金を使って、まずこの劉芳明を捕まえてほしい。あいつと遊んではいけないぞ。）

（徐復嶺1993を参照）

4）　状語（連用修飾語）の反復
　　过明儿能去呗过明儿？（時間詞）后天能去吗？
　　（あさっては、行けるのか。）
　　过两天咱割麦子不过两天？（時間フレーズ）过两天咱割麦子吧？
　　（2、3日たって、麦を刈り入れよう。）
　　那咋咋不去哩那咋咋？（代名詞フレーズ）那怎么不去呢？
　　（それはどうして行かないのか。）
　　书包里有笔呗书包里？（場所フレーズ）书包里有笔吗？
　　（かばんにペンがあるか。）
　　呆那何他咋咋混里呆那何？（介詞フレーズ）在那儿他是怎么混的呢？
　　（あの辺で彼は一体どうやったのか。）

5）　定語（連体修飾語）の反復

定語の反復の場合、定語のほかに通常、助詞"的"をともなう。

　　　桌子上的钱哪去了**桌子上的**？_{桌子上的钱哪儿去了？}

　　　　　（テーブルの上のお金は誰が見つけたのか。）

　　　你的那份儿哪**你的**？_{你的那份儿呢？}（あなたの分はどこ。）

　　　俺哥的衣裳哪**俺哥的**？_{我哥的衣裳呢？}（兄の着物はどこ。）

方言の中に、反復形式と非反復形式が共存しているが、いつ反復形式を用いるかは、使う人或いは意味によって異なる。一般に、話し方が早い人、高齢者が多く用いる。また、反復される文成分は強調され、聞く者の注意を喚起するが、ほかに2)、3)のように、言外の意味を持つこともある。"我说的你听见啦呗你？"、"你哭啥哭？"／"你哭啥你？"にはそれぞれ"我说的话你怎么不听呢？"、"你值得哭吗？"など、聞く者を咎める意味がある。また、反復する語句の省略については、前に置かれるもの、文末に置かれるもののどちらも省略が可能で、基本的な意味も変化しない。しかし、省略後は、強調の語感が弱まり、言外の意味もなくなる。

　　　过明儿能去呗过明儿？──　过明儿能去呗？──　能去呗过明儿？

　　　他化肥买啦呗他？──　他化肥买啦呗？──　化肥买啦呗他？

目的語、補語が反復しない理由は2つ考えられる。まず、これらの成分は文の後半に位置するが、疑問文の重点も文の後半にあるので、反復の必要がなく、また、反復は文末で行われるが、後半部分の成分を文末で反復されると、反復にくどさが感じられるからである。

1.4　"……不"形式

1) 推測の疑問を表し、共通語の"……吧"に相当する。

　　　大小子没说亲**不**？_{大孩子还没说亲吧？}

　　　　　（上のお子さんはまだお嫁さんの話をしてないのか。）

　　　上海没谁去**不**？_{没谁去上海吧？}

　　　　　（上海に行く人はいないだろう。）

　　　饭还没做好**不**？_{饭还没做好吧？}

　　　　　（ご飯はできていないだろう。）

　　　他的话你听不懂**不**？_{他的话你听不懂吧？}

(彼の話は聞いても分からないだろう。)

2) 単純的な疑問を表し、普通話の"……吗"、"……怎么样"に相当する。

他来不？ 他来吗？（彼はくるのか。）

给奶奶说，想奶奶啦不？ 告诉奶奶,你想没想奶奶？

(婆ちゃんに教えて、婆ちゃんのことが恋しかったのか。)

您俩去中不？你们俩去行吗？

(お二人で行くのは大丈夫なのか。)

这活儿咱几个合伙干不？这活儿咱们合伙干怎么样？

(このことはわれわれが共同でやろう。)

上述1)、2)の意味上の違いは"不"の前に置かれる成分の文法構造形式の違いにより決まる。通常、否定形式の場合は"……吧"に相当し、肯定形式なら"……吗"或いは"……怎么样"に相当する。魯西南方言の疑問文は疑問詞疑問文を除き、疑問の中心は文末に位置するが、これについてはさらに研究を進めなければならない。

2. 共通語の"了"に対応する2種の形式

魯西南方言には、普通話のアスペクト助詞"了"に対応するものとして、"啦"、"嘍"の2つがある。それは、おおむね普通話の"了₁"、"了₂"の用法に対応するが、違いもある。

2.1 "啦"、"嘍"の主な用い方

1) 動作がすでに実現した、或いはまもなく実現することを示す平叙文の末尾には、一般的に"啦"を用い、"嘍"は用いない。

兔子跑啦。（ウサギが逃げた。） ＊兔子跑嘍。
天晴啦。（空が晴れになった。） ＊天晴嘍。
下星期就放假啦。（来週から休みになる。） ＊到下星期就放假嘍。
他快不行啦。（彼はもうすぐだめになる。） ＊他快不行嘍。

2) 命令文では"嘍"を用いることが多い。

来，喝嘍！来,喝下去！（じゃ、飲もう。） ＊来,喝啦！

快把他放喽！快把他放了！（早く彼を釈放しなさい。）　＊快把他放啦！
危险，快扔喽！快扔掉！（危ない、早く捨てなさい。）＊危险，快扔啦！
捆紧点儿，甭叫他跑喽！别让他跑了！（しっかり締めてね、彼に逃げられ
　　ないように）　　　　　　　　　　　　＊捆紧点儿，甭叫他跑啦！
当紧甭叫小孩儿看见喽。千万别让孩子看见。（是非子供に見せないように）
　　　　　　　　　　　　　　　　　　　＊当紧甭叫小孩儿看见啦。
候吃完喽，给我留一个！别吃完,给我留一个！（食べきらないように、わたしに
　　１つ残してね。）　　　　　　　　　　＊甭吃完啦，给我留一个！
"啦"を用いる場合もあるが、"喽"に比べて非常に少ない。
　　　到点啦，甭干啦！（時間だよ、仕事をやめよ。）
　　　你甭吃啦！（食べるのをやめなさい。）
　　＊甭吃完啦，给我留一个！
　意味の面から分析すると、また行われていない動作行為を早く実行するように、或いは実行してはいけないと要求する場合に用いられる。"啦"命令文は、実行中の行為の様式を別のものに換えるように、或いは行動を中止するように要求する場合に用いられる。"你甭吃喽"と"你甭吃啦"を比較すると、前者ではまだ食べていないが、後者ではまさに食べている状態を示している。また、使われ方にも大きな違いがある。"喽"の後ろに来る文は往々にして仮定の文であり、仮定の条件は、"もしこうでなかったらこんな結果になってしまう"というように、"喽"の文が意味するものと相反する内容となる。
　　　药你吃喽！不吃走不了你。
　　　　（薬を飲みなさい。飲まなければ行かせないよ。）
　　　把他放喽！不放他我饶不了你。
　　　　（彼を釈放しなさい。釈放しなければ許さないぞ。）
　　　甭叫他跑喽！跑喽是你的事。
　　　　（彼に逃げられないで。逃げられたら、君の所為になるよ。）
　3）　可能や当然やるべきことを示す場合は"喽"を用いることが多く、"啦"は少ない。
　　　a 这些活一天能干完喽。（これらの仕事は一日で済ませられる。）
　　　　　　　　　　　　　　＊a' 这些活一天能干完啦。

　　　　b 再加几个，他也能吃了喽。（あといくつを加えても彼は食べきれるのよ。）　　　＊b' 再加几个，他也能吃了啦。
　　　　c 年时的事儿你还能想起来喽不？（去年のことは思い出せるのか。）
　　　　　　　　　　　　＊c' 年时的事你还能想起来啦不？
　　　　d 那块老宅子该卖喽。（あの古い住宅は売るべきだ。）
　　　　　　　d' 那块老宅子该卖啦。（あの古い住宅はいま売るべきだ。）
"能"を用いて可能を示す文の末尾には"喽"だけを用いることができ、a'、b'、c' のように"啦"は使えないのがわかる。"该"を用いる文では"喽"と"啦"のどちらも使うことができるが、強調する重点が違う。dは話者の主観的判断が強調されているが、d' は話者の客観的分析に重点が置かれており、状況を客観的に分析し、動作行為は文に表現されているように進行するということを示している。したがって、後ろに続く内容は明らかに異なる。
　　　　d 老宅子该卖喽, 留着也没用。（持っていても役に立たない。）
　　　　d' 老宅子该卖啦, 现在正是时候。（今ちょうど売りのいいチャンスだ。）
4) 条件、仮定の複文では、前節に"喽"を用い、後節に"啦"を用いる。
　　　　要真把这事儿治砸喽／＊啦, 咱几个都完啦／＊喽。（あのことをぶち壊しにしてしまったら、私たちはみんなお陀仏になる。）
　　　　呆这顶上要真出漏子喽／＊啦, 可麻烦大啦／＊喽。（この上で手抜かりがあったら、たいへんなことになるよ。）
　　　　去晚喽可赶不上啦。（行き遅れたら、間に合わないよ。）
5) 動目、動補、連動など構造中に用いる場合、通常、"喽"を用い、"啦"は使わない。
　　　　人家只要喽／＊啦两块钱。（向うは２元しか取れなかった。）
　　　　呆门口站喽／＊啦半天啦。（入り口で長い時間立っていた。）
　　　　我伺候喽／＊啦他好几年。（私は長い間、彼の世話をしている。）
　　　　俺下喽／＊啦班听戏去。（俺たちは仕事が終わって芝居の観賞に行く。）
動目型の複合語の中には"喽"だけが入り、複合語の後ろには多く"啦"が用いられる。
　　　　帮忙：帮喽一会儿忙　　　　　帮忙啦
　　　　登记：登喽个记　　　　　　　我们登记啦

作难：作喽不少难　　　　　真作难啦

睡觉：睡喽一小觉　　　　　都睡觉啦

6) 反語文の文末には"喽"、"啦"ともに用いることができるが、意味が異なる。

　　a　作业写不完他叫你吃饭喽？（宿題を書き終わらなければ、あなたにご飯を食べさせるはずがあろうか。）

　　b　跑喽和尚还能跑喽庙喽？
　　　（坊さんは逃げられるが、お寺も逃げるはずがあろうか。）

　　c　干这点活还累着喽？
　　　（このちょっとの事をやって、疲れるはずがあろうか。）

　　d　作业写不完他叫你吃饭啦？（宿題を書き終わらないうちに、彼はどうして君にご飯を食べさせたのか。）

　　e　写到这何就算写完啦？（ここで書き終わったのか。）

　　f　干这点活还累着啦？（このちょっとの事をやって疲れたのか。）

反語文の文末に"喽"を用いるかそれとも"啦"を用いるかは動作行為が実現しているか否かに直接関係する。また、話者による主観的な仮定なのか客観的事実なのかにも関係がある。例えば、c、fはともに話者の事物に対する否定の意味を強調しているが、cの"干活"と"累着"は必ずしも実現された事実とは限らない。しかしfでは実現された事実を意味する。ほかに、cでは仮定への否定に重点があるが、fでは客観的事実の否定を示すという点でも違いが見られる。

7) 因果複文では、前後の節の末尾のどちらにも"啦"を用いることができるが、"喽"を用いない。

　　孩子大啦，管不了啦。
　　（子供が大きくなったので、言うことが聞けなくなった。）

　　他病啦，住院啦。
　　（彼は体調が崩れて、入院している。）

　　庄稼收完啦，该歇几天啦。
　　（農産物の刈り入れが終わって、ちょっと2、3日間休憩をするべきだ。）

2.2 "喽"、"啦"と共通語の"了"

共通語のアスペクト助詞"了"は文中のどの位置にあるかによって、"了₁"と"了₂"に分類される。動詞の後ろで目的語の前なら"了₁"、文末なら"了₂"である。文が動詞または形容詞で終わる場合、文末の"了"はほとんど"了₁＋了₂"である。(房玉清1992)。これまでの"喽"と"啦"の用い方の分析から、それらが共通語の"了₁"、"了₂"と密接な対応関係にあるだけではなく、相違点もあることがわかったが、主な相違点は次の4点にまとめることができる。

1) 命令文の文末には、方言では"喽"を用いられ、共通語では"了₂"を用いる。
2) 可能、必須の意味を持つ文の末尾には、方言では多くの場合"喽"を用い、"啦"を用いることは少ないが、共通語では"了"を使わないことが多い。
3) 反語文の文末には、方言では"喽"を用いるが、共通語では"吗"を用いる。
4) 条件、仮定の複文の場合、方言では前節の末尾に"喽"、後節の末尾に"啦"を用いるが、共通語では"了₁"、"了₂"の順に用いて対応関係を明確にする。

3. 特殊な圧縮複文"VV不V－A"形式

3.1 "VV不V－A"形式の主な特徴

この形式は短く力強い。また、かなりたくさんの内容を表現でき、2つの仮定複文を含んだ並列複文（二重複文）に相当する。"VV"と"不V－A"はそれぞれ肯定面、否定面から仮定の条件及び結果を表す。後ろの"A"は否定形の場合の動作行為が引き起こす結果を示し、肯定形とは関係がない。省略されているのは主に仮定の意味を表すのに、用いられる語句である。通常、これらの語句を補うと、"要是V就V，要是不V就A"形式となり、完全な二重複文となる。例えば：

　　　你去去不去拉倒。你要是去就去，要是不去就算了。
　　　　（あなたは行っても行かなくてもよい。）

干干不干回去。要干就让好好干，要不干就回去。
　　　　　（やるならしっかりやれ、やりたくなければ帰れ。）
　　　你吃吃不吃拉倒。你要是吃就吃，要是不吃就算了。
　　　　　（食べるなら食べて、食べなくても良い。）
　　　她好好过过，不好趁早儿散喽。她要是好好过日子就和她过，她要是不好好过日子就趁早和她分手。
　　　　　（彼女がまじめに暮らしたければ、彼女と暮らすが、したくなければ、早いうちに別れた方が良い。）
　また、この形式の場合、動詞は必ず単音節のものでなければいけない。例えに音節の離合詞の場合でも、前の語素だけが使われ、後ろの語素は省略されてこの形式の簡潔性は保たれる。
　　　　洗澡 ── 洗洗不洗散伙
　　　　洗澡 ── 洗洗不洗散伙
　　　　提拔 ── 提提不提随他
　　　　睡觉 ── 睡睡不睡出去玩去

3.2 "VV不V－A"と"愛V不V"

　"愛V不V"形式はすでに共通語文法に取り入れられ、"愛去不去"、"愛干不干"というふうにかなり広く用いられている。
　二つの形式が示す意味は基本的に一致しており、ともに肯定、否定の両面から仮定の条件と結果を表している。構造的には、"VV不V－A"形式は否定形の動作行為による結果である"A"が加えられている。意味は"如果不V就A"となり、この場合"V"と"A"は同じ単語であってはいけない。しかし"愛V不V"では、結果は示されず、"不V"は"如果不V就不V"を意味し、二つの"V"は完全に同じ語句が充てられる。また、語気の強弱という面から分析すると、"VV不V－A"形式は"愛V不V"よりかなり強烈である。
　　　你爱干不干。你要是愿意干就干，要是不愿意干就不干。── 随你的便。
　　　　　（やりたかったらやり、やりたくなかったらしなくてもよい。ご自由に。）
　　　你干干不干滚蛋。你要想干就好好干，要是不好好干就给我滚蛋。── 由不得你。
　　　　　（ちゃんとやるならやれ、ちゃんとやらないのなら消え失せろ。勝手

にはさせない。)

"愛Ｖ不Ｖ"が強調するのは主語の主観的意思なので、"Ｖ"か"不Ｖ"かは完全に主語によって決定される。また、肯定、否定の二つの仮定複文全体がこの主観的意志のもとにある。しかし、"ＶＶ不Ｖ－Ａ"形式では、主語の主観的意志がある程度表現されるが、強調されるのは話者の主観的意志である。二つの仮定複文の各部分（仮定条件部分と結果部分）について見れば、主語の主観的意志は仮定条件部分に限られ、結果を表す部分には及んでいない。話者の主観的意志が結果部分で特に強調されており、複文全体も話者の主観的意志のものにある。

〈参考文献〉
1. 房玉清　『実用漢語語法』　1992年　北京語言学院出版社
2. 呂叔湘　『現代漢語八百詞』　1981年　商務印書館
3. 金郷県地方史志編纂委員会編　『金郷県志』　1996年　三聯書店
4. 単県地方史志編纂委員会編　『単県志』　1996年　山東人民出版社
5. 徐復嶺　『醒世姻縁伝的作者和言語考論』　1993年　斉魯書社

魯西南方言における特殊な文法表現

　本節では山東省南西部地域(俗に魯西南部という)の方言文法においてもっとも特徴がある計12種類の表現について検討する。それぞれについて文を中心として分析を加えるが、語句や、連文なども必要に応じて取り入れる。

1. 並列表現

　本方言の並列表現は共通語と比べ、形式が多く、なかでも、次の6つの形式が特に際立っている。

1.1 "随 [suei42] A 随 [suei42] B "

　2つの動作(AとB)が同時に進行することを表し、動詞の前に用いる。共通語の"一边A一边B"(AをしながらBをする)と同じ用法をもつ。

　　　　他们随吃饭，随说话。　(彼らは食事をしながら、しゃべっている。)
　　　　钱根本没剩下，都随挣随花啦。
　　　　　(お金が残っていない。稼ぐはなから使ってしまった。)
　　　　这孩子真可怜，随哭子_着随走啦。
　　　　　(この子はかわいそうに、泣きながら帰った。)

1.2 "A子B子"

　上の"随A随B"と同じく、2つの動作が同時に進行することを表す。形式中の"子"は共通語の"着"と同じく動態助詞である。

　　　　咱说子走子吧。→ 咱随说随走吧。　(歩きながら話しましょう。)
　　　　他几个唱子跳子，不知不觉到地方儿啦。→ *随说随笑，不知不觉到地方儿啦。
　　　　　(笑ったり話したりしているうちに、いつのまにか目的地に着いた。)

1.3 "V子AV子B" / "V1子AV2子B"

　　両方とも、2つの動作が同時に進行することを表すが、前者は2つの動詞が同じで、後者では2つの動詞が違う。また、2つの動詞が同じ場合には、"随A随B"と置き換えることができるが、2つの動詞が違う場合はできない。

　　　　这雪赶子下赶子化。→ 这雪随下随化。(この雪は降ったはなから溶けている。)
　　　　钱是紧子挣紧子花。→ 钱是随挣随花。(お金は稼ぐはなから使ってしまった。)
　　　　吃子盘子里里的，看子碗里里的。→ ?随吃盘子里里，随看碗里里的
　　　　　　(皿のものを食べながら、茶碗のものを見つめている。)

1.4 "杭（是）[xaŋ42 (s₁.)]A杭（是）[xaŋ42 (s₁.)]B"

　　前後2部分はそれぞれ正面と反面、あるいは肯定と否定の角度から物事を表す。共通語の"时（而）A时（而）B"（時に〜、時に〜/〜たり、〜たりする）と同じ用法を持つ。連語、単文、複文および連文などの広い範囲に用いられる。連語と単文に用いる場合、中の"是"がつねに省略される。

　　　　杭大杭小 时大时小 （時には大きく、時には小さくなる）
　　　　杭高杭低 时高时低 （時には高く、時には低くなる）
　　　　杭好杭歹 时好时坏 （時にはよく、時には悪くなる）
　　　　杭有杭没有 时面有时面没有没 （時にはあるが、時にはない）
　　　　杭去杭不去 时面去时面不去不 （時には行くが、時には行かない）
　　　　杭买着杭买不着 时面买得到时面买不到 （時には買えるが、時には買えない）
　　　　这几天杭热杭冷。这几天忽热忽冷的。
　　　　　　(この2、3日、急に暖かくなったり、急に寒くなったりしている。)
　　　　他杭是十天半月不回家一趟,杭是三天两头儿朝家跑。他时面十天半月不回家,时面三天两头儿往家跑。
　　　　　　(彼は時には半月くらい家に帰らなかったり、時には頻繁に家に
　　　　帰ったりする。)

　　"杭是"は単独で用いることもできる。そういう場合は"时常"（常に）や"有时"（ときどき）を意味する。

　　　　头几年家里行是吃喽上顿没下顿。前几年家里时常吃了上顿没有下顿。
　　　　　　(数年前、家ではいつも食料が足りなかった。)

他<u>行</u>是整夜整夜里不睡觉。他有时整夜整夜不睡觉。

　　（彼は時には一晩中まんじりともしない。）

1.5 "一马 [i213-21ma.] A 一马 [i213-21ma.] B"

状況変化のしかたが急に変わることを表す。共通語の"忽而A忽而B"（～たり，～たりする）と同じ用法をもつ。

　　<u>一马</u>哭，<u>一马</u>喜，锭里夹个大蚂蚁。鲁西南儿歌：一会儿哭，一会儿喜，屁股里夹着个大蚂蚁。

　　　　（突然，泣いたり笑ったりして，恥ずかしくないのか。）

　　他<u>一马</u>这样说，<u>一马</u>那样说。他忽而这样说，忽而那样说。

　　　　（彼はこう言ったかと思うと，すぐ別の言い方をする。）

また，単県，菏澤，金郷，臨沂などの部分農村では，"一马"は単独で使うことができる。その場合，時間副詞"突然"と時間名詞"刚才"（さっき）を意味する。例えば

　　将才他还待这何哩，咋<u>一马</u>不见啦。刚才他还在这儿呢，怎么突然不见了。

　　　　（彼はさっきまでここにいたのに，どうして急にいなくなったの。）

　　他<u>一马</u>还待这何玩子哩。他刚才还在这儿玩着呢。（彼はさっきここで遊んだのに。）

1.6 "AA不AX"

肯定的仮定と否定的仮定2つの要素からなる並列的緊縮複文で，いろいろな内容を持つ形式である。他人の動作行為に対して，肯定と否定の角度から仮定し，話者は自らの態度を表明する。共通語の"如果A就A，如果不A就X"（やればやりなさい、やらなければ何々しろ）と同じ用法をもつ。

　　吃吃不吃拉倒。要吃就吃，不吃算了。

　　　　（食べるなら食べなさい、食べなければそれまでだ。）

　　睡睡不睡出去！要睡就睡，不睡就出去！

　　　　（眠るなら眠りなさい、眠らないなら出て行け。）

　　干干不干走人！要干就好好干，不好好干就走开！

　　　　（やるならまじめにやりなさい、やらなければ帰れ。）

1.7 "爱A不A"

話者と関係がなく、主語の成り行きにまかすことを表す。構造から見れば、肯定的仮定と否定的仮定からなる緊縮複文とみられる。2つのⅤが同じ動詞である。

　　　他爱吃不吃。他愿意吃就吃,不愿意吃就算了。(不用理他)。
　　　　　(食べるか食べないかは、彼の都合のよいようにしよう。)
　　　你爱干不干。你想干就干,不想干就算了。(没谁求你)。
　　　　　(やるかやらないかは、都合のよいようにしなさい。)

方言には、"戴A不A"、"愿A不A"もあり、"爱A不A"とはほぼ一致する。また、"爱A不A"は"AA不AX"とはかなりの共通点があるが、語気の強さの面では、違いが見られる。次の①と②の比較をみよう。

① 你爱干不干。　(やるかやらないかは、都合のよいようにしなさい。)
② 你干干不干走人！　(やるならしっかりやれ、やらなければ出て行け。)

つまり、「①は主語の思いどおりにさせることを表現し、②は主語の思うとおりにさせるわけではないということを表現し、話者の強い意識で主語の動作行為を制約している。

主語と話者が重なる（共に"我"）場合、"爱A不A"と"AA不AX"の意味はほぼ一致する。次の③④を参照。

③ 我爱干不干。你管不着。
　　　(やるかやらないかは、ぼくの自由だから、貴方と関係ないよ。)
④ 我干干不干拉倒。你管不着。　(同上)

2. 条件表現

本方言の条件表現は、共通語と同じように、必要条件、唯一の条件、および無条件等を含んでいるが、具体的な検討を加えると、さまざまな相違も存在することがわかる。

2.1 必要条件文

次の3つの文型がある。

1) "但是（里）A 也/就 B"

この形式は必要条件および譲歩仮定条件の2種類を含んでいる。共通語の"只要 A 就 B"、"即使 A 也 B" 2つの文型と対応する。

    年下，<u>但是里</u>回来<u>就</u>回来。<small>过年时，只要能回来就回来。</small>
     （正月に、帰られるなら帰って来てください。）
    高中<u>但是里</u>能上完<u>就</u>上完。<small>高中只要能读完就坚持下来。</small>
     （高校の勉強はできるのであれば最後までつづけてやってほしい。）
    <u>但是里</u>有一星法儿<u>也</u>不来麻烦你！<small>即使有一点办法也不会来麻烦你呀！</small>
     （仮に少し役に立つことがあったとしても、お世話にならないよ。）
    <u>但是里</u>再加一点劲儿，<u>也</u>考上啦不！<small>哪怕再加一把劲，也就考上了不是！</small>
     （もうちょっとがんばっても合格は無理だろう。）

2) "得是 A 就 B"

 1) の"但是里 A 也/就 B"とほぼ同じ用法をもつが、意味上は、ある程度の仮定や可能の意味が含まれる。下例では大部分の"得是"が"能"と置換えが可能である。

    过年哩，<u>得是</u>回来就回来。 → 过年哩，<u>能</u>回来就回来。
    这个学，<u>得是</u>（能）上咱就上。→ 这个学，<u>能</u>上咱就上。
    家务事儿，他<u>得是</u>躲就躲。 → 家务事儿，他<u>能</u>躲就躲。
    那种人，咱<u>得是</u>不惹就不惹。→ 那种人，咱<u>能</u>不惹就不惹。
    ＊这回考试，<u>得是</u>再松一点劲儿也考不上。

3) "是个 A 就/都 B"

 ある条件がかなえられると、例外なく、必ずある結果が現れるという表現である。用法では共通語の"只要 A 就 B"、"但凡 A 就 B"（Aさえすれば、よい/Bになる）にそれぞれ相当する。

　　　　是个笔就中。　（筆なら、なんでもいいよ。）
　　　　是个当官儿的就行。　（幹部なら、だれでもいい。）
　　　　是个人都比他精。　（すべての人は彼より聡明だ。）
　　　　是个公鸡都会打鸣。　（すべての雄鶏が時を告げることができる。）

2.2　唯一の条件

主に２つの形式がある。

1）"须里Ａ不／才Ｂ"

唯一の条件を表し、ほかの条件とまったく関係せず、この条件でなければ動作行為が起これないことを示す。共通語の"非Ａ不可"、"只有Ａ才Ｂ"（こうでなければならない）と同じ用法をもつ。

　　　　他须里去不行。　（かれはどうしても行きたがっている。）
　　　　这事儿须里你办不中。　（このことはあなたしかやれない。）
　　　　我须里卖完才走哩。　（売り尽くすまで、私は帰らない。）
　　　　饭须里端到脸前头他才吃哩。
　　　　　　（お膳を目の前に据えないと、彼は食べない。）

形式の中の"不"が"不可"を意味する場合、省略ができ、"须里"だけで用いることができる。

　　　　不叫他，他须里。　（彼に行かせないが、彼はどうしても行きたい。）
　　　　这事儿还须里你里。　（このことはあなたしかやれない。）

2）"错过Ａ才Ｂ"

よくない結果を回避したことを表す。共通語の"幸亏Ａ（才Ｂ）"とほぼ一致するが、時には、唯一の条件の意も含まれる。

　　　　错过你才能请动他。（幸亏你＋只有你）
　　　　　　（彼を誘ってくるのは、あなたしかできない。）
　　　　错过我留喽一手儿。（幸亏我）
　　　　　　（幸いなことに僕は奥の手を全部出さなかった。）

3) "除喽 A（才）"

共通語の"除了A之外"と同じ用法を持っているほかに、時には"只有A才B"と一致する場合もある。

　　　村里除喽他会收拾机子。村里只有他会修理机械。
　　　　（村で機械修理ができるのは彼しかいない。）
　　　这弟兄仨除喽小三捣蛋。弟兄三个里面只有小三调皮。
　　　　（この3人兄弟でいたずらをするのは三郎しかいない。）

2.3　無条件

すべての条件のもとにある結果が出る表現である。特に次の4つの形式には注意が必要である。

1) "随问谁／什么都／也 B"

例外なく、すべてのことを表す。共通語の"无论谁／什么都／也 B"と同じ用法をもつ。

　　　随问谁当队长我都没意见。无论谁当队长,我都没意见。
　　　　（誰が隊長になっても私は構わない。）
　　　随咋咋问，他也不吭气。无论怎么问,他都不吭声。
　　　　（どう聞いても、彼は声を出さない。）

2) "甭管谁／什么都／也 B"

用法は上述の1とほとんど同じく、"甭管"と"随问"の置換えが可能である。

　　　甭管走到哪何，都忘不了家。无论走到哪里也忘不了家。
　　　　（どこへ行っても家のことが忘れられない。）
　　　甭管谁，也不能吃饭不交钱。不管是谁,也不能吃饭不交钱。
　　　　（誰であろうと食費は払わないといけない。）

3) "任A不B"

すべての否定を表す。形式が固定的で、範囲が狭い。

任事不懂 什么事也不懂 （何もわからない）

任人不见 任何人都不见 （誰にも会わない）

都十好几啦，还任事儿不懂哩！

（十いくつの年齢になったのに、まだ何もわからないようだ。）

4) "A不A里呗"

話者の「するかしないかはどちらでもよい」、「どうしてもかまわない」という態度表明を表す。無条件と考えられる。共通語の"A和不A一个样"（してもしなくても一緒だ）と対応する。文末の"呗"は省略できない。

他忙，来不来里呗。他忙，来不来没关系。

（彼は忙しいから、来るか来ないかは、かまわない。）

男的大几岁不大几岁里呗。男方大几岁不大几岁没关系。

（男だから、相手より少し年上でも年下でもかまわない。）

剩钱不剩钱里呗，当紧吃饱。剩钱不剩钱没关系，千万要吃饱肚子。

（お金が残るかどうかはかまわない、満腹になることが一番だ。）

3. 因果表現

方言と共通語の因果表現には、関連語の違いも、文型上の違いもある。なかでも地方的特徴のある次の4つの形式がもっとも注目される。

3.1 "得为 tei42-55uei・A，B"、"拥翁 yŋ213-21uŋ・A，B"

"因为A所以B"があまり使われず、代わりに原因を表す場合、"得为"や"拥翁"が頻繁に使われる。"得为"と"拥翁"は同じ用法を持つので、文中では置換えができる。

拥翁你，她到如今没出门儿。因为你她至今没结婚。

（君のために彼女はいまだに結婚していない。）

得为／拥翁分家，兄弟不和。因为分家，兄弟不和。

（分家のことで、兄弟は仲が悪くなった。）

拥翁家贫他当喽上门女婿。因为家贫他当上了养老女婿。

(貧乏なので、彼は入り婿になった。)

你得为／拥翁啥打人？你为什么打人？ (君はなぜ人を殴ったのか。)

他得为／拥翁一点儿小事儿就发火。他为一点小事就发火。

(彼はちょっとのことで怒り出す。)

3.2 "A，都是B里的事儿"

"全怪B"（すべてBのせいだ）を表す。やや強く責める語気、時には不満を示す語気が入り、その対象は"是"の後ろの人或いは事物などである。形式中の"事儿"が理想とは違う結果の原因ある。

都是你里事儿！全怪你！ (すべて君のせいだ。)

看看，挨毁啦不？都是肯吃嘴里事儿。看看，挨打了不是，全怪你贪吃。

(ほら、殴られたでしょう。食いしん坊だからだ。)

收成不好，都是天旱里事儿。收成不好，全是因为天旱的缘故。

(収穫が悪いのはすべて雨が降らなかったためだ。)

時には、"都是"が省略される。省略によって、語気も弱くなる。

看看，挨毁啦不？都是肯吃嘴里事儿。看看，挨打了不是，全怪你贪吃啊！

今年收成不好，天旱里事儿。今年收成不好，是天旱的缘故。

"都是B里事儿"の中の対象Bが人称代名詞となる場合に、"里事儿"が略されても意味に影響はない。

都是你！都怪你！ (すべて君のせいだ。)

哎，都是我！都怪我不好啊！ (ごめん、すべてわたしのせいだ。)

哼，都是他几个！全怪他们！ (ふん、すべて彼らのせいだ。)

否定式は"不是B的事儿"で、対象者と関係がなく、他の原因があることが表現される。

字写不好不是笔里事儿。字写不好不能怪笔，(应该怪人)。

(字をきれいに書けないのは筆のせいではない。)

收成孬不是天旱里事儿。收成不好与天旱没有关系，(与人的管理不善有关)。

(収穫の悪いのは雨が降らなかったためではない。)

这可没我里事儿。这可与我无关。 (それは僕と関係ないよ。)

3.3 "A, VOV里的"

原因を強調するもう1つの表現である。まず結果（A）を述べ、その後結果を導いた原因を述べる。文は "Aは～をしたからである" の意を表す。

　　肚子疼？喝涼水喝里。　（お腹がいたい？生水を飲んだせいだ。）
　　看看，烂嘴啦不？都是嚼舌根嚼里。
　　　　（ほら、口内炎になっただろう。減らず口をたたいているせいだ。）

3.4 格言や俗語を引用し、原因をのべる。

民間で広く用いられる分かりやすい格言や俗語が話者に引用され、結果の原因として用いられる。

　　你啊，不听老人言，吃亏在眼前。
　　　　（お前、損をしただろう、年配者の忠告に耳を傾けなかったからだ。）
　　你冻里杭得慌？冻的闲人，饿的懒人。　　（寒いのか。寒さに凍える人は暇な人で、ひもじい思いをする人は怠け者だ。）

4. 逆接表現

方言では、共通語の代表的な関連語である "虽然A但是B"、"尽管A却B"、"但是"、"然而"、等をほとんど使わず、代わりに地域的な "虽说A倒B"、"甭看A（倒）B"、"A不，（倒）B" などが頻繁に使われている。

4.1 "虽说A，倒B"

一方を事実と認めながらも、そのために他方が成り立たないわけではないことを表す。共通語の "虽说A倒B" と同じ用法をもつ。

　　虽说他头一趟来，倒不生。
　　　　（彼は初めて来たのに、まったく不案内ではない。）
　　收成虽说不大好，粮食倒够吃里。
　　　　（収穫はよくないが、食糧はまま足りる。）

4.2 "甭看A,（倒）B"

上の"虽说A倒B"とほとんど一致するが、語気の強さではやや軽い気がする。

甭看人家是市长，倒一点架儿没有。
（あの人は市長だが、少しも尊大なところがない。）
你甭看这玩艺小，多贵不！　（これは小さいけれど、たいへん高いよ。）

4.3 "A不,（倒）B"

逆接表現の中でもっとも軽い表現だといえる。語気の強さでは上の1、2と比べて、次のように表すことができる。即ち1＞2＞3。

这孩子炮杖不大不，不少装药。
（この子は背が小さいが、よく食べるね。）
今年雨水少不，收成倒比年时还强哩。
（今年雨があまり降らなかったが、収穫は去年よりさらにいい。）

また、"A不"は"虽说A（倒）B"および"甭看A（倒）B"と併せて使われる。

他虽说头一趟来不，倒不生。
甭看人家是市长不，一点架儿没有。

文における位置について、"不"は条件文の文末しか用いられない。"虽说"は主語の前後に用いられる。"甭看"は実際に"你不要认为那样"の意であり、一般的主語の前にしか用いられない。比較してみよう。

虽说他头一趟来，倒不生。　＝　他虽说头一趟来，倒不生。
甭看人家是市长，倒一点架儿没有。＝＊人家甭看是市长，倒一点架儿没有。

5．仮定表現

仮定表現の面では、方言の表現はかなり豊かで、共通語にない形式が多く見られる。方言に見られる仮定表現として、次の8つの形式がある。

5.1 "搁子着A（就）B"

共通語の"如果A就B"と同じ性格を持つ、前の文節に用いる関連語である。後の文節の"就"はよく略される。

  搁著那著，早叫社员砸煞了。_{沂水}
    （あのときなら、とっくに社員に殺されていただろう。）
  这屋子，搁子我，今年就不盖。_{金乡}
    （この家は、わたしだったら、今年は絶対建てないよ。）
  搁子谁也得生气。_{菏泽}　（誰でも怒るだろう。）

5.2 "一能A就B"

共通語の"一旦A（就）B"（いったん～をするなら）、"万一A（就）B"（万が一～をするなら）と同じ用法を持つ。また、方言の"一能A"は他の関連語と併用されず、単独で使う場合も多い。

  他要一能不待家咋咋治？（彼がもし家にいないならどうする。）
  到那何一能找不着人哪？
    （そこに着いても誰も見つけられないならどうする。）
  这事儿一能叫他知道喽就麻烦啦。（このことが彼に知れたら大変だよ。）

5.3 "不展"、"不是"

結果や結論を冒頭に置き、原因を述べる部分を引き出す表現である。共通語の"如果不是A的话，还B"（もし～でなければ、～するだろう）とほぼ同じ用法をもつが、語順が異なる。

  <u>不是</u>我还坐会儿，家来客啦。　　　　　　（結果—原因）
  <u>不是</u>我上星期就回来啦，厂里大修，得加班儿。（結果—原因）
  <u>不展</u>她还坐会子，家来客啦。　　　　　　（結果—原因）
  <u>不展</u>上星期就回来啦，厂里大修，得加班儿。（結果—原因）
  <u>不是</u>家来客啦，她还坐会子。　　　　　　（原因—結果）
  <u>不是</u><u>厂</u>里大修，得加班儿，我上礼拜就回来啦。（原因—結果）
  家来客啦，<u>不展</u>她还坐会子。　　　　　　（原因—結果）

厂里大修，得加班儿，不展我上礼拜就回来啦。（原因—結果）

　関連語"不是"と"不展"はほぼ同じ意味を持つが、用法の上で微妙なニュアンスの違いがある。"不是"は原因の前にも結果の前にも用いられるが、"不展"は結果の前にしか用いられない。

5.4 "不就"

　やや軽い逆接を表し、相手との意見交換の語気があり、共通語の"要不…就…"、"不然…就…"に相当する。構造上は簡潔であり、"不就"の中に他の語句を挿入できないが、多くの内容を表現できる。

　　①这活儿不就过两天再干。
　　　　（この仕事は2、3日後にやってもよいのだが。）
　　②下月的工资不就先发下去？（来月の給料を前払いしましょうか。）
　　③不就您俩去趟？（もしよければ、お二人に行ってもらいたい。）
　　④菜都剩喽几天啦，不就搋喽吧。
　　　　（このおかずはすでに2、3日残っているので、捨てよう。）

"不就"を使う場合に、一般的に、意味上、逆接と仮定の2つの条件が必要である。しかし、具体的なコミュニケーションの場では、この条件は、文法形式上は表現されず、常に字面に隠れている。上の「①～④に隠れた内容が次のとおりである。

　　①a 这活儿应该现在来干　（この仕事は今やった方がよいが）
　　　b 要是你现在没空的话　（もし暇がなければ）
　　②a 提前发下个月的工资不符合常规
　　　　　（給料の支給を繰り上げるのが慣例にあわないが）
　　　b 要是大家都急用钱的话　（もしみんなに急な出費があるなら）
　　③a 虽然本来不该派你俩去　（お二人の行く番ではないが）
　　　b 要是你俩能去的话　（もしお二人が行くことができれば）
　　④a 虽然剩菜或许没坏　（残ったおかずはまだ酸っぱくなっていないが）
　　　b 要是你不反对的话　（もしあなたが反対でなければ）

　また、"不就"はかさねて用い、"不就A，不就B"形式になることもできる。こうなると、前後2つのうちの1つを選択することを表す。共通語の"或者

A，或者 B"、"要么 A，要么 B"と対応する。

> 不就你去，不就他去，反正您俩得去一个。
> （あなたが行くか、或いは彼がいくか、いずれにしてもお二人の中のどちらかが行かなければならない。）
> 这孩子不就送托儿所，不就送他奶奶家去，反正我不能再带他上班了。
> （この子は保育園に預けるか、或いはおばあちゃんのところに預けるか、いずれにしても続けて子供を職場まで連れて行くのはどうしてもいやだ。）

5.5 "就是 A 也／还 B"

仮定兼譲歩の表れであり、共通語の"即使 A 也 B"と同じ用法を持つ。

> 你只要想要，就是再贵也得买。
> （あなたがほしいなら、いくら高くても買ってあげる。）
> 我就是再忙也得来。
> （わたしはどんなに忙しくても来なければならない。）
> 就是小鸟还知道报娘恩哩。　（雛でも母親への恩返しを知っているのに。）
> 就是兔子还不吃窝边草哩。　（ウサギでも巣の周りの草を食べないのに。）

5.6 "喝子着 A 也 B"、"破子着 A 也 B"

2つの形式は意味と用法が等しく、当方言の特徴のある仮定兼譲歩の表現である。共通語にするなら、"（即使）豁出去…也…"となる。上述の"就是 A 也 B"と比べてみると、意味上は、ほぼ動作主の受ける被害、あるいは好ましくないことを仮定の条件とする点に特徴がある。文法上では、構造の中に動詞、動詞的な連語しか挿入されないという特徴がある。

> 金乡例：破子这百十斤儿不要，也得给他干到底。
> （命を投げ出しても彼と最後まで戦わなければならない。）
> 菏泽例：喝子工作不干里个小舅子，也不能受这窝囊气。
> （仕事をやめさせられても、こんなには馬鹿にされない。）

5.7 "A，A去"グループ

このグループには、つぎの①～④に分けられる。
① "A，A去"
この形式は主に話者の放任の意志を表し、また、自分自身とは一切関係がないというニュアンスがある。共通語にするなら、"要是A就放任他A去"（もし～がしたければ、自由にさせる）となる。"去"は軽声と発音する。

　　　她哭哭去。她要是想哭就让她哭吧。（彼女が泣きたければ、泣かせておけばいい。）
　　　他不来不来去，没啥。他要是不来就不来，没关系。
　　　（来たくなければ来なくてもかまわない。）
　　　你生气生气去。你要是生气，就生气吧。
　　　（怒りたければどうぞご自由に怒りなさい。）
　　　屋里乱乱去，我反正住不了几天。屋里乱就让它乱去吧。（部屋はちらかっているが、もういい、どうせ僕は2、3泊しか泊まらないから。）

② "A，A吧"
話し手から軽い勧誘や了承を得る意を表す。上述の①との違いは話し手と直接な関係がある点である。共通語にするなら、"要A就A好了"（～がしたければ～をしなさい／してもよい）となる。

　　　你走走吧，天都黑啦。（帰るなら帰りなさい、空が暗くなっている。）
　　　他愿来来吧。（彼が来たければ来てもいい。）
　　　您该吃吃吧，别等我。（皆さん、食事をする時間になったら、お先にどうぞ、私を待つ必要はない。）

③ "A，A你／他的"
この形式は主に話者自身と主語の動作が一切関係がないことを表す。共通語にするなら、"你／他要是做，那是你的事，和我无关"（あなた／彼がやるなら、あなた／彼のことだから、自分とは関係がない）となる。一般的に、この形式では肯定文が多い。

　　　你走走你的，我不拦你。
　　　（あなたが帰るなら、あなたの自由だから、私は止めない。）
　　　屋子愿盖盖他的，我是帮不上。

(家を建てるのは、彼の自由だが、僕は協力ができない。)

赚钱赚他的，咱不眼热。

(彼が金を儲けているのは彼のことだから、僕は羨ましくない。)

④ "不A，不A罢 ba312"

「～しなくてもかまわない」という寛容の意を表し、この形式には否定文しかない。共通語にするなら、"即使不A也没关系"、"不A就不A"、"不A就算了"などとなる。

不去不去罢。　（行かなくてもかまわない。)

这桩媒不愿意不愿意罢。　（この縁談はやめてもかまわない。）

也不是啥值钱的玩艺儿，掉喽掉喽罢。

(つまらないものだから、なくしてもかまわない。)

5.8 "蒙你狗儿里的" と "狗蒙你"

どちらも誓いを立てる際に用いる表現である。相手に深く信じてもらうためで、方言にはよく使われている。構造は短いが、豊かな仮定複文の内容が表現される。共通語で表せば、"谁要是骗你的话，他就是小狗子"となる。2つの形式（前者をA類、後者をB類という）は文法構造が異なり、A類は仮定的条件を先に、結果を後ろに並べるが、B類では反対である。方言ではA、B類ともよく用いられ、しかも相互には対応関係も存在している。使う頻度から見るなら、A類が高く、特に複雑な文においては、ほとんどA類しか使われない。比較すると、下のようになる。

　　　　A 类　　　　　　B 类

说空儿王八蛋哩！ ── 王八蛋说空儿！

(うそをついたら、僕はバカだよ。)

不来孙子哩！　── 孙子不来！ 要是哪个不来他就是孙子！

(来ないと、バカだよ。)

不敢去是您儿哩！── *您儿才不敢去呢！

(行く勇気がなければ、お前の息子になってやる。)

文法の面から見れば、B類の文が共通語の条件文、たとえばよく見られる「傻瓜才不去」とよく似ているが、仮定の意を持つかどうかは2形式の重要な違

いである。

疑問文にも用いることができるが、A類に限られる。

  吭我狗里不？ （私を騙したら、あなたがバカものだといってもいい？）
  不来儿里不？ （来ないと僕の息子になってもいい？）

6. 比較表現

文法形式上から見るなら、方言における比較関係の表現は共通語とかなりの共通点があるが、意味上の相違は大きい。方言の比較表現の形式として、次の6形式がもっとも注目される。

6.1 "AX似B"

この形式は大まかに「AはBよりX」の意を表し、共通語にするなら、ほとんどが"A比BX"となる。

  他大似我。<small>他比我大。</small> （彼は私より年上だ。）
  日子一天好似一天。<small>生活一天比一天好。</small> （日々生活が向上していく。）
  痩死的骆驼大似马。<small>痩死的骆驼比马大。</small>
   （どんなに痩せているラクダでも馬より大きい。）

否定式は"A不X似B"（甲は乙よりAなわけではない）である。

  论手艺, 他不差似师傅。<small>论手艺, 他不比师傅差。</small>
   （腕からいえば、彼は師匠より下手なわけではない。）
  他的力量头儿并不大似我。<small>他的力气并不比我大。</small>
   （彼の力は僕より強いわけで０はない。）

6.2 "AXB数比"

数量詞を入れて、甲乙両方の差を細かく表す。共通語にするなら、"A比BX数"となる。

  媳妇小我三岁。<small>媳妇比我小三岁。</small> （女房は僕より3才年下だ。）
  他高我十公分。<small>他比我高十公分。</small> （彼は私より10センチ高い。）
  这个短那个半截哩。<small>这个比那个短半截呢。</small> （これはあれより半分ほど短い。）

6.3 "A 跟／赶 B (X)"

両方のレベルが近づく、AがBに追いつくのを表す。共通語にするなら、"A 跟／赶 B (那么X)"(AがBほど (X))。

  他的个子也赶／跟他哥。　（彼の身長はお兄さんほどになった。）
  徒弟的手艺都赶／跟上师傅啦。　（弟子の腕前は師匠に匹敵している。）
  你写的字也赶／跟我的臭。　（お前の字は僕と同じくらい下手だ。）

否定式は"A不跟／不赶／不胜B (X)。"である。共通語にするなら、"A不如B (X)"や"A没有B (X)"である。

  这孩子不跟他哥。<small>这孩子不如他哥哥。</small>　（この子はお兄さんには及ばない。）
  今年收成不敌年时。<small>今年的收成不如去年。</small>　（ことしの収穫は去年ほどではない。）
  我去还不胜你来好哩。<small>我去还不如你来好呢。</small>
   （私が行くよりあなたが来るほうがよい。）
  下棋不赶当牌是味儿。<small>下棋没有打扑克有意思。</small>
   （将棋をするより、トランプをやった方が面白い。）
  黄河没长江长。<small>黄河没有长江长。</small>　（黄河は長江ほど長くない。）
  这个还没那个好看哩。<small>这个还没那个好看呢。</small>　（これはあれほどきれいではない。）

6.4 "A 给 B 样"

比喩の表現で、両方のある側面における共通点を強調する。共通語にするなら、"A跟B一样／似的"（AはBと同じだ）となる。この形式は通常、形容詞を用いないが、どうしても用いる場合には、単純な形容詞ではなく、形容詞の連語を用いることは注目に値する。比較すると下のとおりである。

 a) ① 俺儿媳妇给俺闺女样。<small>我儿媳妇像我的女儿似的。</small>
    （うちの嫁さんは娘に似ている。）
  ② ＊俺儿媳妇给俺闺女样孝顺。
  ③ 俺儿媳妇给俺闺女样恁孝顺。
    （うちの嫁さんは娘と同じように親孝行だ。）
 b) ① 他说的给唱的样。<small>他说的跟唱的一样。</small>
    （彼の話し方は歌を歌っているようだ。）

② ＊他说的给唱的样好听。
③ 他说的给唱的样恁好听。他说的跟唱的一样，听起来倒是好听。
　　　　　（彼の話し方は歌を歌っているように聴きやすい。）

6.5 "A 给 B 般 X"

　この形式に形容詞を入れて、上の4と比べると、少しはっきりとA、Bの比較ができることがわかる。共通語にするなら、"A 跟 B 一样／一般 X"（AがBと同じXだ）となる。この形式の中の形容詞は省略できず、しかも、プラス方向の形容詞しか用いられない。比較を見よう。

　　他给他哥般高儿哩。　（彼はお兄さんとは身長が同じだ。）
　　＊他给他哥般矮哩。
　　张三给李四般大。　（張三は李四とは同じ年だ。）
　　＊张三给李四般小。
　　老大给老二考里分儿般多儿。　（長男と次男はテストの成績が同じだ。）
　　＊老大给老二考的分儿般少。

　否定式には "A 给 B 不般 X"、"A 不给 B 般 X" があり、比較される各方に違いが存在することを表す。共通語にするなら、"A 与 B 不一样 X"（AはBと同じXではない）となる。

　　这个桌子给那个桌子不般高儿。这张桌子与那张桌子不一样高。
　　　　（このテーブルとそのテーブルは高さが違う。）
　　三班里学生给二班里不般多儿。三班的学生与二班的不一样多。
　　　　（3組の生徒数と2組の生徒数は違う。）
　　这根棍给那根棍不般长儿。这根棍子与那根棍子不一样长。
　　　　（この棒とあの棒は長さが違う。）

6.6 "甲照子_着乙差远了"

　"照子_着" は "对照"、"比照" で、本構造は比較する各方の格差が大きいことを表す。共通語にするなら、"A 与 B 相比差远了"、"A 比 B 差远了"（AはBと比べて格差がずいぶんある）となる。

　　他的为人照子他哥差远了。他的为人比他哥哥差远了。

(彼の人柄は、お兄さんと比べてずいぶん違う。)

你这一口山东腔<u>照子</u>普通话可差远了。<small>你这一口山东腔离普通话可差远了。</small>

(あなたの山東弁丸出しの話し方は北京語とずいぶん違う。)

7. 選択疑問の表現

共通語の"是A还是B"（Aですか、それともBですか）のような選択疑問文には、方言では合わせて5つの形式がある。共通語と同じものが2種類（"是A还是B"と"是A还是B"）、まったく違うものが3種類ある。共通語と異なる形式のものは次のとおりである。

7.1 "是A是B"

方言では"是A还是B"だけではなく、"是A是B"の形式もある。両者は同じ用法を持つが、使用頻度については、"是A是B"の方が多くみられる。

你相中里<u>是</u>大妮<u>是</u>二妮？<small>你相中的是大小姐还是二小姐？</small>

(君が気に入ったのは長女ですか、それとも次女ですか。)

他考里<u>是</u>文科<u>是</u>理科？<small>他考的是理科还是文科？</small>

(あなたが受けたのは理系ですか、それとも文系ですか。)

晌午饭<u>是</u>擀面条<u>是</u>包包子？<small>中午饭是擀面条还是包包子？</small>

(昼食はうどんですか、それともマンジュウですか。)

7.2 "是AB"

"是A是B"から後ろの"是"を省略した形式である。会話の中で区切りをいれられるのは"是"の前だけである。

你相中里｜<u>是</u>大妮二妮？

他考里｜<u>是</u>文科理科？

晌午饭｜<u>是</u>擀面条包包子？

7.3 "A是B"

"是A是B"から前の"是"を省略した形式である。話をする場合、区切りは

2箇所にいれることができる。1箇所はAの前、もう1箇所は"是"の前である。

  a) 你相中里｜大妮是二妮？

  b) 你相中里大妮｜是二妮？

7.4 "AB"

  関連語を一切使わず、イントネーションで設問される。

    你相中里大妮二妮？

    他考里文科理科？

    晌午饭擀面条包包子？

  誤解が起こらない限り、人々はこの形式を用いることが多い。例はたくさんある。

    你喝高度的低度的？　（あなたはアルコール度が高いのを飲みますか、それとも低いのを飲みますか。）

    钱存活期死期？　（普通預金ですか、それとも定期預金ですか。）

    他出里红桃黑桃？

     （彼が出したカードはハートですか、それともスペードですか。）

    今儿里星期三星期四？　（今日は水曜日ですか、それとも木曜日ですか。）

    五一节张师傅的班儿你的班儿？

     （メーデーの日、張さんが勤務ですか、それとも君が勤務ですか。）

    我说，你到底找啥样里人？推车里？打蛋儿里？轱辘锅里？卖蒜儿里？

     （ねえ、お前なあ、いったいどんな人で満足できるのか。車引きか、はじき玉を作る職人か、鍋にかすがいを打つ職人か、それともにんにくを売る農民か。）

8.　受身表現

  方言の受身形式で、もっとも多く見られるのが共通語と同じ"叫NV"であるが、共通語には存在せず、方言でのみ用いられる形式も2つある。

8.1 "遭NV"

形式中の助詞"遭"が"遭受"（不幸または損害を受けた）の意を表すので、この形式は不幸なことまたは不利な状況にしか用いない。

店里遭土匪抢啦。商店被土匪抢劫了。（店は匪賊に奪われてしまった。）

这件子衣裳遭虫子咬过。衣裳被虫子咬过。（この服は虫に食われてしまった。）

安稳点，别遭人烦。安稳点，别让人家讨厌。

　　　　（静かにしなさい、人に嫌がられないように。）

小姐遭啥黄子污uə12啦。小姐被什么东西玷污了。（お嬢さんは何かでよごされた。）

上述の例文の助詞"遭"がすべて助詞"叫"に置き換えられる。また、受身形式中の動詞には省略することができるものもある。つまり、"遭NV"を"遭N"になっても、意味はほとんど変わらない。なぜなら、動作主Nからその動作が推測されるからである。

店里遭土匪啦。（匪賊→奪う）

这件子衣裳遭过虫子。（虫→食う）

8.2 "吃NV"

上述の"遭NV"とほぼ同じ形式である。

他吃人家暗算啦。他被人家暗算了。（彼は他人のわなにかかってしまった。）

我吃了他两皮锤。我被他打了两拳。（僕は彼にげんこつで2回殴られた。）

净吃他妗子卷。老被他舅母骂。（この子はおばさんによく罵られている。）

你吃罚是吃打吧？你是认挨罚还是挨打？

　　　　（処罰されたいか、殴られたいか、どっちを承知するのか。）

文法上からいえば、文が余り複雑でない場合には、上述の2つの形式も用いられるが、文が複雑なとき、特に補語を入れる場合には、上述の2つの形式を用いることができず、"叫NV"で表さなければならない。

9. 引用表現

他人の言葉や文章を引用する方法についても、方言と共通語には違いがある。よく見られるのが次の2形式である。

9.1 "N 里文（来）"

「誰かが何かを言った」意を表す。引用される言葉のほとんどは口癖や習慣語などで、短くてきびきびしていて、話しやすく聞きやすいものである。

誰的文（来）："吃饱喝饱不想家。" 有人说过："吃饱喝饱不想家。"
（食べ物があればホームシックにかからないとある人がいった。）

他的文："省着省着窟窿等着。" 他常说："省着省着窟窿等着。" （どう節約しようとしても、さまざまな費用があるので、どんな節約も無理だ。）

徳州哥的文（来）："一筏儿吧。" 徳州哥说过："(下次)一块儿宴请各位（这次免了）。"
（じゃ、みんな、今度あわせて招待するよと徳州兄さんが言った。）

9.2 "N 里话来"

「誰かが言った言葉では」という意を表す。上述の "N 里话（来）" と比べて、この形式で引用されるものの範囲の方がやや広い。つまり、口癖、慣用的な語句だけでなく、一般的な短い内容も引用できる。また、話者の引用されたものに対する態度が表されるかどうかも "N 里话（来）" と "N 里话来" の間の重要な違いである。前者の場合は単純な引用で、話者が引用の内容に対して、賛成しても、反対してもよいが、後者の場合は引用した内容に多くが賛成すると考えられる。さらに、引用したものに自分の解釈を入れて解説する場合もある。たとえば：

谁里话来："漂亮的脸蛋能接大米啊！" 用某人的话来说，漂亮的脸蛋上是结不出大米来的。
（誰かも言っていたが、米は、美人の頬でつくられるのではない。）

那个芝麻官里话来："当官不为民做主，不胜回家卖红薯。" 按那个芝麻官的说法，当官就应该为民做主。（あの下っ端の県官の話では、役人は庶民に奉仕することができなければ、辞めたほうがいいということだ。）

他里话来："一个巴掌拍不响。" 按他的话说，责任不在一方。

（彼の話では、一方だけの責任ではないようだ。）

10. 比喩表現

方言では共通語と同じく"A像B似的"（「AはBのようである」）という形式があるが、方言の特有な比喩表現もある。

10.1 "A给(个)B样/似的"

大まかに「AはBのようだ」の意味を表す。どの側面でABが一致するかは、明らかにしていない。

　　　这孩子给他爹样。这孩子跟他爹似的。　（この子はお父さんに似ている。）
　　　你咋给个受气里媳妇子样？你怎么像个受气的媳妇似的。
　　　　　（君はどうしていじめられた嫁のようなのか。）
　　　他哭里给刘备样。他哭得像刘备似的。
　　　　　（彼はまるで劉備のように激しく泣き叫んでいる。）
　　　叫孩子气里我给啥样。让孩子把我气得不得了。　（子供は私をたいへん怒らせた。）
"给啥样"は文の中に"不得了"（程度がはなはだしい）のような動作行為の程度を表している。

　　　困里我给啥样。困得我不得了。　（わたしはたいへん眠い。）
　　　累里孩子给啥样。累得个孩子什么似的。　（子供をたいへん疲れさせた。）

10.2 "A给B样恁X"

この形式には形容詞の連語が用いられ、AB両方に一致する側面を明らかにしている。

　　　他把一分钱看里得给个月老娘样恁大。他把一分钱看得像个月亮那么大。
　　　　　（彼は1銭を月ほどの大きさと見る。）
　　　长虫给擀面杖样恁长。蛇像擀面杖那么长。　（蛇は麺棒ほど長い。）
　　　电脑给个笔记本样恁小。电脑像个笔记本那样小。
　　　　　（パソコンはノートほどの小ささだ。）

10.3 "A给B囊"（済寧、兗州）

この形式は済寧、兗州等少数県市で用いられる。上の"A给（个）B样/似的"とほぼ同じだが、多く貶す意味や中性の意味に用いる。たとえば：

他脸本里给二万囊。<small>他脸绷得像纸牌的二万一样。</small>
（彼はまじめくさった顔をしている。）

那人笑起来给哭里囊。<small>那个人笑起来就像哭一样。</small>
（彼の笑い方はまったく泣いているようにみえる。）

11. 処置の表現

方言で処置を表す形式には、共通語と同じ"把"字文があるほか、3つの形式が存在する。

11.1 "拜 pɛ312"字文　（"把"字文と同じ）

拜他叫来。<small>把他叫来。</small>　（彼を呼んでくれ。）
我拜这事儿忘得干净儿哩。<small>我把这件事忘得干干净净。</small>
　　（わたしはそのことをすっかり忘れてしまった。）
甭拜钱掉喽。<small>别把钱丢了。</small>　（金を無くさないでね。）

11.2 "来 pɛ42"字文　（"把"字文と同じ）

警察来小偷押走啦。<small>警察把小偷押走了。</small>　（警察は泥棒を連行した。）
那孩子来他娘气得给啥样。<small>孩子把他妈气得不得了。</small>
　　　　　　　　　　　　（あの子はお母さんをたいへん怒らせた。）
甭来孩子吓着喽！<small>别吓着孩子！</small>　（子供を驚かさないで。）

11.3 "连 liã2"字文　（"把"字文と同じ）

连狗拴起来。<small>把狗拴起来。</small>　（犬をつなぎなさい。）
他连房子租出去啦。<small>他把房子租出去了。</small>　（彼は部屋を人に貸した。）

方言では、"把"字文を含めて、処置表現の形式が4つある。通常、それぞれ

を置き換えることができる。音声から見るなら、"把"字文と"拜"字文は近く、"来"字文と"连"字文は近いと考えられる。

12. その他の表現

当地の方言特有の文法表現である"V里杭"系列をまとめて検討していきたい。この系列は意味からの分類が難しい。

12.1 "V里杭"形

この構造は情況や状態がある態度に達することを表す。この構造は、具体的な程度は話者がはっきり述べなくても、聞き手が心で悟る点に特色がある。程度を表す要素が"杭"である。文中のVは一般的につぎにあげる3つの意味上の特徴を持つ。まず、感覚を示す述語で、心身で感じられる動詞、形容詞であることが挙げられる。そして、この構造で示される感覚はほとんど好ましくないことであること、また、それらは、ほぼ受身動詞（形容詞）であることが挙げられる。構造全体から見れば、共通語の"V得慌"に相当するが、意味上、「V得慌」は下の①の特徴しか持たず、情況や状態が極端な程度に達することしか表せない。方言「V里杭」形は①と②の特徴を兼ね備えている。

　　　热里杭：(①暑くてがまんできない　　②暑い)

　　　冻里杭：(①寒くてがまんできない　　②寒い)

　　　累里杭：(①疲れきっている　　②疲れている)

　　　饿里杭：(①お腹がすいてがまんできない　　②お腹がすいた)

　　　挤里杭：(①すし詰めである　　②込み合う)

　　　晒里杭：(①日にさらされて耐えられない　　②日にさらす)

文法面から見れば、構造の前に程度副詞が用いられるか否かという、共通語との違いも存在する。"V里杭"の前には"血"、"怪"、"崩"、"有点"など、「とても」や「たいへん」、「すこし」の意を表す程度副詞は用いられる。共通語"V得慌"の方はできない。

　　　　　　　方言　　　　　　　　共通語
　　　屋里血热里杭。　　＊屋里很热的慌。（屋里很热／屋里热得慌。）

(部屋は暑くて堪られない。)

崩恶影里杭。　　　＊非常讨厌得慌。（非常讨厌。）
(たいへん嫌がれる。)

我有点儿累里杭。　＊我有点儿累得慌。（我有点累了／我累得慌。）
(僕はすこし疲れた。)

你饿里杭呗？　　　＊你饿得慌吗？（你饿不饿？）
(お腹がすきましたか。)

　疑問文やあるいは構造の前に"有点儿"を用いる場合に、"V里杭"構造は上述②の意味しか持っていない。つまり、"你饿里杭呗？"と"你饿呗？"、"我有点儿累里杭。"と"我有点儿累"はそれぞれほぼ同じ意味を表している。

12.2　"V里（个）N杭"と"NV里杭"

　"V里杭"中、受動者を置ける位置は2箇所ある。次のA形式とB形式を比較してみよう。2つの形式は構造上も異なり、意味上も主動文と受動文の違いが明らかである。

　　　　　A形式（主動文）　　　　　　B形式（受動文）
车灯照里（个）眼杭。车灯照眼，眼不舒服。　　眼照里杭。眼被照得不舒服。
（ライトが目を照らし、目がくらむ。）（?目がくらまされる。）

喇叭聒里（个）耳朵杭。高音喇叭聒耳朵，耳朵不舒服。　耳朵聒里杭。耳朵被聒得不舒服。
（スピーカーがやかましくて、耳が耐えられない。）
　　　　　　　　　　　　　　　　　　（?耳がとどろかされる。）

烟呛里（个）鼻子杭。烟呛鼻子，鼻子不舒服。　鼻子呛里杭。鼻子被呛得不舒服。
（煙にむせて、鼻が耐えられない。）　（?鼻がむせられる。）

担子压里（个）帮子杭。担子压肩膀，肩膀难受。　帮子压里杭。肩膀被压得难受。
（担ぐ荷物が肩に重みを加えて、肩が耐えられない。）
　　　　　　　　　　　　　　　　（肩が押さえつけられて耐えられない。）

鞋挤里（个）脚杭。鞋子挤脚，脚难受。　　脚挤里杭。脚被挤得难受。
（靴がきつく、足が耐えられない。）
　　　　　　　　　　　　　　　　（足がしめつけられて耐えられない。）

毒天地晒里（个）脊梁杭。强阳光晒脊梁，脊梁难受。　脊梁晒里杭。脊梁被晒得难受。

　　　　(強烈な日光が背中に当たって、背中が耐えられない。)
　　　　　　　　　　　　　　　(背中が日に焼かれて耐えられない。)
Ｂ形式構造には一般的に主動者を導入することができない。例えば：
　　　＊眼叫车灯照里杭。　　　＊膀子叫担子压里杭。
　　　＊鼻子叫烟呛里杭。　　　＊脊梁叫毒天地晒里杭。
また、動詞が心理的動詞の場合に、ほぼＢ形式しかとれない。
　　　　　Ａ形式　　　　　　Ｂ形式
　　＊孤单里（个）我杭。──　我孤单里杭。（私は寂しく感じている。）
　　＊烦里（个）他杭。　──　他烦里杭。（彼はいらいらしている。）
　　＊恶影里（个）我杭。──　我恶影里杭。
　　　　　　　　　　　　　　　　　　（私はたいへん嫌悪している。）

12.3　"Ｖ里（个）Ｎ给啥样"と"ＮＶ里给啥样"

"Ｖ里（个）Ｎ给啥样"と"ＮＶ给啥样"はそれぞれ上述のＡ形式、Ｂ形式とかなりの共通点がある表現である。"给啥样"は情況あるいは状態の程度を表すが、具体的にどんな程度かははっきりしない。したがって、Ａ形式、Ｂ形式の"杭"を"给啥样"または"给么样"、"给洪么样"に置きかえることができる。
　　　这孩子气得他娘给啥样。这孩子把他娘气得不得了。　他娘气里给啥样。他娘被气得不得了。
　　　（この子はお母さんをひどく怒らせた。）
　　　　　　　　　　　　　　　（お母さんはひどく怒らされた。）
　　　灯照里个眼给啥样。车灯照得眼很难受。　　　眼照里给啥样。眼睛被照得跟什么似的难受。
　　　（ライトが照らして、目がたいへんくらんでいる。）
　　　　　　　　　　　　　（？目は照らされて、ひどくくらんでいる。）
　　　烟呛里个鼻子给啥样。烟呛得鼻子不得了。　　　鼻子呛里给啥样。鼻子被呛得不得了。
　　　（煙にむせて、鼻が耐えられない。）
　　　　　　　　　　　　　（？鼻がたいへん煙にむせられている。）
しかし、構造の前に程度副詞が使えない点が「杭」文形式と違う。程度副詞より「给啥样」という比喩的表現の方がよりいきいきとした表現になるからだと思われる。

12.4　統語レベルからの"杭"類と"给啥样"類の文の特徴の比較

　動作の主体と対象を構造に取り入れると、つまり各部分が揃っている文からは"杭"類と"给啥样"類の文の性格が異なることが明らかになる。以下の5つの文型を検討しよう。（つぎのAは全体、Bは部分を表す。）

1) **動作主―動詞―対象B―程度**
　"杭"構造も"给啥样"構造もこの文型を取り入れることができる。
　　　车灯照里（个）眼杭。　　车灯照里（个）眼给啥样。
　　　烟呛里（个）喉咙杭。　　烟呛里（个）喉咙给啥样。

2) **動作主―動詞―対象A―程度**
　この文型は"给啥样"類構造しか取り入れることができない。
　　　车灯照里我给啥样。　　　＊车灯照里我杭。
　　　烟呛里（个）他给啥样。　＊烟呛里（个）他杭。

3) **対象A―"叫"―動作主―動詞―程度**
　この文型は"给啥样"類構造しか取り入れることができない。
　　　我叫车灯照里给啥样。　　＊我叫车灯照里杭。
　　　他叫烟呛里给啥样。　　　＊他叫烟呛里杭。

4) **対象A―"叫"―動作主―動詞―程度**
　この文型は"给啥样"類構造を取り入れることができるが、"杭"類構造を取り入れるとやや硬い表現となる。
　　　眼叫车灯照里给啥样。　　？眼叫车灯照里杭。
　　　喉咙叫烟呛里给啥样。　　？喉咙叫烟呛里杭。

5) **対象A―"叫"―動作主―動詞―対象B―程度**
　この文型は"给啥样"類構造を取り入れることができるが、"杭"類構造を取り入れるとやや硬い表現となる。
　　　我叫车灯照里（个）眼给啥样。　？我叫车灯照里（个）眼杭。
　　　他叫烟呛里（个）喉咙给啥样。　？他叫烟呛里（个）喉咙杭。

　清代山東系作家の作品では類似する表現が多く見られる。例えば『醒世因縁伝』：

　　　第4回：管家，你拿个茶杯来我吃几杯罢，这<u>小杯闷的人慌</u>。（執事さん、

茶碗を出して何杯か飲ませてくれ。こんな小さな杯ではもの足りない。）
第34回：你主人家怕钱压的手慌么？（君の主人は金が嫌いのか。）
第46回：自乍听了窝囊的人慌。（聞いてからずっとくさくさしている。）

付：方言共通語文法関係比較表

文法関係	方言形式	方言例	共通語形式	共通語例
並列	随A随B	雪随下随化	（一）边A（一）边B	雪边下边化
	A子B子	说子笑子	一边A一边B	一边说一边笑
	V子AV子B	赶子说赶子哭	一边A一边B	一边说一边哭
	杭(是)A杭(是)B	杭去杭不去	时而A时而B	时去时不去
	一马A一马B	一马哭，一马喜	忽而A忽而B	忽而哭，忽而笑
	AA不AX	干干不干滚蛋！	想A就A，不想A就X	想干就好好干，不好好干就滚蛋！
	爱A不A	我爱来不来。	愿A就A，不愿A就不A	我愿来就来，不愿来就不来。
条件	但是（里）A就A	但是里能来就来吧。	只要A就B	只要能来就来吧。
	但是（里）A也不B	但是里有一星法儿也不来麻烦你。	即使A也不B	即使有一点办法也不来麻烦你
	得是A就A	家务事他得是躲就躲。	只要能A就A	家务事他得躲且躲
	是个A就／都B	是个笔就能写字儿。	只要A就B	是支笔就能写字
	须里A才／不中	须里你去才／不中。	非A不B	非你去不行
	错过A才B	错过你能请动他喽。	多亏／只有A才B	只有你才能请动他，多亏你了。
	随问谁／什么都／也B	随谁当队长我都没意见。	无论谁／什么都B	无论谁当队长我都没意见

	甭管谁／什么都／也B	甭管谁也不能吃饭不拿钱。	不管谁／什么都B	不管是谁都都不能吃饭不交钱
	任A不B	任啥不懂	任何A都不B	任何事都不懂
	A不A里呗	剩钱不剩钱里呗，当紧吃饱。	A不A都没关系	剩钱不剩钱没关系，吃饱肚子要紧。
因果	得为／拥故A,B	得为分家弟兄俩嚷起来	因为A导致B	因为分家，弟兄俩吵了起来。
	A，都是B里事儿	他挨打，都是肯吃嘴里事儿。	之所以A，是因为B	他之所以挨打，都是因为贪吃。
	A，VOV里	肚子疼，喝凉水喝里。	之所以A，是以为B	他之所以肚子疼，是因为喝凉水的缘故。
	格言.俗语的引用	冻里闲人，饿的懒人	之所以A是因为B	之所以挨饿，是因为某人太懒了
逆接	虽说A倒B	虽说下雪，倒不大冷	虽然A，但是B	虽然下雪，倒不太冷
	甭看A,(倒)B	甭看不大，倒血贵。	别看A，倒B	别看不大，倒很贵。
	A不，(倒)B	这孩子炮杖不大不，不少装药。	别看A，倒B	别看这孩子个子不大，却不少吃。
	搁子A就B	搁子我，今年就不盖屋子啦。	如果A，就B	如果是我，今年就不盖屋子了。
	一能A，就B	一能找不着他就快子回来。	万一A，就B	万一找不着他就赶快回来。
	不展／不是	不展我还坐会儿，家来客啦。	不然	不然我还坐一会儿，家里来客人了。
	不就	下月工资不就先发下去？	要不A就B	下月的工资要不就先发下去？
	就是A，也B	就是再贵，咱也买起喽。	即使A，也B	即使再贵，我也买得起。

仮定	喝子／破子 A 也 B	破子这百十斤不要，也得给他干到底。	即便 A，也 B	即便拼上性命也要跟他干到底。
	AA 去	他死死去。	要 A 就让他 A (放任を表す)	他要死就让他死
	AA 吧	你走走吧。	要 A 就 A 吧 (勧誘を表す)	你要走就赶紧走吧。
	AA 你／他的	他走走他里，我不拦。	要 A 就 A (話者と関係がないことを表す)	他要走就走他的，我不阻拦。
	不 A 不 A 罢	你不去不去罢。	即使不 A 也没关系	你要是不愿意去，不去也可以。
	蒙你狗儿里／狗蒙你	西乡里发大水啦。蒙你狗儿里。	谁要是骗你，他就是小狗子	西乡里发大水了。骗你是小狗子的。
比較	AX 似 B	这个强似那个。	A 比 BX	这个比那个好。
	AXB 数	媳妇小他三岁。	A 比 BX 数	媳妇比他小三岁。
	A 跟／赶 B	徒弟也跟上师傅喽。	A 赶的上 B	徒弟也赶得上师傅。
	A 给 B 样	这儿媳妇给个闺女样。	A 跟 B 差不多	这儿媳妇就像闺女一样。
	A 给 B 般 X A 照子 B 差远啦	张三给李四般大里。 他照子他哥差远了。	A 跟 B 一样 X A 比 B 差远了	张三跟李四一般大。 他比他哥差远了。
選択疑問	是 A 是 B	你考的是文科是理科？	是 A 还是 B	你考的是文科还是理科？
	是 AB	你考的是文科理科？	同上	同上
	A 是 B	响午饭擀面是制馍馍？	是 A 还是 B	午饭是擀面条还是做馒头？
	AB	夜里张师傅里班儿你里班儿？	同上	晚上是张师傅的班还是你的班？
受身	遭 NV	庄稼遭水淹啦。	被 NV	庄稼被水淹了。
	吃 NV	这孩子净吃人家卷。	被 NV	这孩子老被人家骂。

引用	N 里文（来）	七品芝麻官的文："当官不为民做主，不胜回家卖红薯。"	某某有言	七品芝麻官说过："当官不为民做主，不如回家卖红薯。"
	N 里文（来）	他的话来："公家里饭不吃白不吃。"	某某说过	用他的话说，就是"公家的饭不吃白不吃。"
比喩	A 给个 B 似的／样	这孩子给他爹似的，不肯说话。	A 像 B 似的／一样	这孩子像他爹似的，不爱说话。
	A 给 B 囊	他心眼给芝麻粒囊	同上	他心眼像芝麻粒那样小。
	A 给 B 样恁 X	长虫给擀面杖样恁粗。	A 像 B 那么 X	蛇像根擀面杖那么粗。
処置	A 拜 BV	我拜他喊来。	A 把 BV（"把"字文）	我把他叫来。
	A 来 BV	警察来小偷押走啦。	同上	警察把小偷押走了。
	A 连 BV	他连房子赁出去啦。	同上	他把房子租出去了。
その他	V 里杭	他血累里杭。	V 得慌	他挺累。
	V 里给啥样	气里我给啥样。	V 得不得了	气我不得了。
	V 里（个）N 杭	烟呛里眼杭。	V 得 N 难受	烟呛得眼睛难受。

〈参考文献〉

1. 銭曽怡著『漢語方言研究的方法与実践』 2002 年　商務印書館
2. 銭曽怡主編　馬鳳如著『金郷方言志』 2000 年　斉魯書社
3. 銭曽怡主編　張鶴泉著『聊城方言志』 1995 年　語文出版社
4. 銭曽怡主編　馬静・呉永煥著『臨沂方言志』 2003 年　斉魯書社
5. 銭曽怡主編　張樹錚・羅福騰副主編『山東方言研究』2001 年　斉魯書社
6. 単県地方史志編纂委員会編『単県志』 1996 年　山東人民出版社
7. 金郷県地方史志編纂委員会編『金郷県志』 1996 年　三聯書店

付3．山東省25地点方言の漢字一字の音声系統

◎東区東莱小区（5地点）：

1．煙台方言の音声系統

声母22：

唇　　音：	p	巴布抱步	p'	怕普盘平	m	门麻买目	f	飞冯反乏
舌尖中音：	t	点到道夺	t'	太脱同桃	n	南奴怒纳	l	蓝吕路辣
舌尖前音：	ts	糟祖增泽	ts'	粗曹醋仓			s	苏生似是
舌面前音：	tɕ	焦接招侄	tɕ'	秋全昌除	ȵ	牛年娘女	ɕ	线徐书扇
舌面中音：	c	鸡举倦局	c'	欺去穷桥			ç	虚胸衔学
舌根音　：	k	规割跪共	k'	开克葵狂			x	海黑胡活
零声母　：	ø	耳安烟然完远软						

韵母37：

	開口呼		齐齿呼		合口呼		撮口呼	
ɿ	支子翅							
ər	儿耳二	i	泥力吃	u	布土物	y	律诸如
a	麻达割	ia	俩瞎牙	ua	抓刷瓦		
ɤ	德泽革	ie	别车野				
o	波莫麦	uo	多罗窝	yø	略嚼学		
aɛ	败才哀	iaɛ	街鞋矮	uaɛ	帅快歪		
ei	悲梅嘴			ui	追鬼尾		
ao	毛桃傲	iao	标焦摇				
ou	否搜欧	iou	丢柳有				
an	半蒜岸	ian	边展然	uan	砖关碗	yan	全宣软

ən	本村恩	in	品近人	un	春順文	yn	尋均囷
aŋ	忙嗓昂	iaŋ	涼丈洋	uaŋ	庄狂王		
əŋ	梦棕坑	iŋ	兵成影	uŋ	洞聋翁	yŋ	松熊永

声調 3：

˧˩ 平声　31：　家烟麻年
˨˩˦ 上声　214：　草老法辣
˥˥ 去声　55：　架用白弱

(錢曽怡　1982『煙台方言報告』より)

2. 威海方言の音声系統

声母 18：

唇　　音：	p 布步別	p' 怕盘婆	m 门迷	f 飞冯付
舌尖中音：	t 到夺刁	t' 太同通	n 怒女	l 兰路锐
舌尖前音：	ts 节争祖	ts' 秋仓锄		s 线生诗
舌葉音　：	tʃ 主争准	tʃ' 昌春潮		ʃ 扇声顺
舌根音　：	k 贵杰举	k' 开权旗		x 灰休虚
零声母　：	ø 日安影			

韻母 45：

開口呼		齐歯呼		合口呼		撮口呼	
ɿ	资此私						
ər	耳二	i	踢知直	u	绿木赌	y	雨猪出
a	爬拉发	ia	架家夹	ua	花蛙话	ya	抓刷
o	各波合			uo	过活我	yo	药角
ɛ	北白革	iɛ	车蛇铁	uɛ	国握	yɛ	月缺
ei	雷梅费	iei	介戒蟹	uei	味会贵	yei	税追
ao	保饱刀	iao	烧要吊				
ou	斗扣欧	iou	由收秀				

an	干三短	ian	间衔	uan	官关万	yan	圆船权
ən	根吞村	in	紧新林	uən	温魂文	yn	云君群
aŋ	桑昂	iaŋ	讲良张	uaŋ	光王况	yaŋ	床庄窗
əŋ	争坑登	iŋ	灵星正	uəŋ	翁瓮	yŋ	雄拥穷
				uŋ	空忠东		

声調3：

    ₋□ 平声　53：诗居灯
    ⁻□ 上声　312：使体国
    □⁻ 去声　33：时第位

（董紹克・張家芝主編　1997年『山東方言詞典』より）

3. 牟平方言の音声系統

声母21：

唇　　音：	p 布败逼	p' 怕盘泼	m 门米灭	f 飞冯福
舌尖中音：	t 到道跌	t' 太同脱	n 拿南诺	l 来驴扔辱
舌尖前音：	ts 资支摘	ts' 粗初撮		s 苏三涩
舌面前音：	tɕ 精蒸职	tɕ' 秋求切	ȵ 你年女	ɕ 西商湿
舌面中音：	c 机捐脚	c' 欺区缺		ç 稀杏学
舌根音　：	k 该跪骨	k' 考坑渴		x 海胡喝
零声母　：	ø 安衣乌鱼　儿热软虐荣			

韻母39：

開口呼		齐齿呼		合口呼		撮口呼	
ɿ	子翅师						
ər	儿耳二	i	移知日	u	五姑绿	y	于叔如
a	爬割喝	ia	压虾傻	ua	瓜抓刮		
ə	得贼革	iə	夜射雪热			yə	月穴说
o	波北麦			uo	窝哥锅	you	药虐脚

ai	爱灾海	iai	解矮挨涯	uai	歪快摔		
ei	杯胚对内	iei	秸街鞋	uei	威规灰		
ao	袄找梢	iao	彪雕叫				
ou	欧邹厚	iou	由抽肉				
an	俺短钻	ian	烟闪然	uan	弯砖欢	yan	冤捐软
ən	恩蹲村	in	因真人	uən	温准昏	yn	云津闰
aŋ	方汤疮	iaŋ	羊张让	uaŋ	王庄慌		
əŋ	朋争扔	iŋ	英征京	oŋ	翁公轰	yoŋ	容雄牛

声調 4：

˧□	陰平	51：	猪安天飞拿牛
˨□	陽平	53：	床平派最局宅
˩□	上声	213：	走古女买德达
□˥	去声	131：	帐盖流王白集

(銭曽怡主編・羅福騰著　1992年『牟平方言志』より)

4. 莱陽方言の音声系統

声母 22：

唇　　音：	p	布步別	p'	怕盘	m	毛马米	f	发风飞
舌尖中音：	t	到道夺	t'	他太同	n	南怒	l	兰路吕
舌根音　：	k	贵跪古	k'	开葵哭			x	化红昏
舌面中音：	c	家鸡	c'	气强	ȵ	年女	ç	吸香
舌葉音　：	tʃ	张节	tʃ'	长齐			ʃ	绳松
舌尖前音：	ts	祖争	ts'	仓楚			s	杀散
零声母　：	ø	袄人						

韻母 36：

開口呼	齊歯呼	合口呼	撮口呼
ɿ　司次纸			

ər	儿耳二	i	米比吃	u	鲁鼓哭	y	鱼吕女
a	妈把拿	ia	牙家虾	ua	瓜花抓		
ə	婆磨佛	iə	爷揭歇	uə	过祸恶	yə	约脚却
ɛ	派盖害	iɛ	解鞋矮	ɜu	怪快坏		
ɔ	毛抱刀	iɔ	彪雕叫				
ei	非背赔			uei	龟亏灰		
əu	扣候斗	iəu	求修休				
ã	半干喊	iã	片面扇	uã	管款转	yã	捐悬劝
ɔ̃	门肯恨	iɔ̃	彬林紧	uɔ̃	滚捆准	yɔ̃	军熏俊
aŋ	旁缸方	iaŋ	姜强香	uaŋ	光晃况		
əŋ	碰扔吭	iŋ	并明定	uŋ	翁轰公	yŋ	穷雄松

声調 4：

₋□	陰平	213：	诗梯南
₌□	陽平	442：	时局坐
ᶜ□	上声	23：	古九踢
□⁻	去声	41：	是放入

(董紹克・張家芝主編　1997年『山東方言詞典』より)

5．栄成方言の音声系統

声母 24：

唇　　音：	p	布步	p'	菩铺	m 门明	f	飞奉
舌尖中音：	t	到道	t'	太同	n 难女	l	兰扔
舌尖前音：	ts	精酒	ts'	清秋		s	心修
舌尖後音：	tʂ	缀准	tʂ'	初唇		ʂ	山刷
舌葉音　：	tʃ	招宙	tʃ'	昌绸		ʃ	扇绳
舌面中音：	c	经九	c'	轻球		ç	欣休
舌根音　：	k	贵跪	k'	开葵		x	灰红
零声母　：	ø	岸完言日毅远软儿					

山東省25地点方言の漢字一字の音声系統　187

韻母42：

	開口呼		斉歯呼		合口呼		撮口呼
a	怕爬割	ia	牙家匣	ua	瓦瓜抓		
ɔ	波各割河夺			uɔ	火河锅	yɔ	削弱约
ər	二儿耳						
ɿ	资知子						
ʅ	支纸师	i	衣日移	u	武不姑	y	鱼绿如
ɛ	车百夺	iɛ	姐铁雪	uɛ	拙说国	yɛ	月缺靴
ai	盖败海	iai	挨界街	uai	怪坏歪	yai	愿
ei	梅罪街			uei	桂汇威		
au	袄饱烧	iau	条叫饶				
ou	斗够收	iou	油揉秀				
an	干看窜	ian	减连然	uan	完船还	yan	权元软
ən	根村孙	in	心音人	uən	文问棍	yn	云闰君
aŋ	党刚航	iaŋ	央让良	uaŋ	床网双		
ɔŋ	庚蒸生	iŋ	星经硬	uɔŋ	翁瓮		
oŋ	红工龙	yoŋ	雄龙荣				

声調4：

˧	陰平	42：	家高抽三	鹅人云危	篦摸屋揖	匹督摄涉
˨	陽平	354：	娘龙文男	神句床徐	服俗宅悦	
˥	上声	214：	古走楚体	女老有买	急竹曲黑	入月麦药　读集辑及
˩	去声	443：	是坐厚社	盖帐怕放	害岸让用	六沫蜜骆　白杂蛰辙

（銭曾怡主編・王淑霞編著『栄成方言志』より）

◎東区東灘小区（5地点）：

1. 青島方言の音声系統

声母 24：

唇　　音：	p 布步别	p' 怕盘平	m 门面目	f 飞冯扶
舌尖中音：	t 到夺读	t' 太同田	n 南年女	l 蓝路吕
舌根音　：	k 该贵官	k' 开葵款		x 灰胡汗
舌尖前音：	ts 糟祖增	ts' 曹秋全		s 苏修散
舌尖後音：	tʂ 争支中	tʂ' 撑翅虫		ʂ 生诗梢
舌葉音　：	tʃ 蒸招主	tʃ' 成潮除		ʃ 声少书
舌面中音：	tɕ 焦举经	tɕ' 桥去轻		ɕ 消虚兴
零声母　：	ø 安然若			

韻母 37：

	開口呼		齊齒呼		合口呼		撮口呼	
ɿ	资知私							
ʅ	支持石							
ər	儿耳而	i	第急日	u	故出谋	y	居如俗
a	爬割磕	ia	架卡鸭	ua	花刮袜		
ɔ	波婆佛	iə	铁切歇	uə	河各落	yə	月药雪
ɛ	盖卖爱	iɛ	鞋矮解	uɛ	怪帅外		
e	色麦百			ue	桂类水		
ɔ	保否袄	iɔ	条庙绕				
ou	斗走受	iou	牛肉救				
ã	胆含安	iã	间连然	uã	官船完	yã	捐圆软
ɔ̃	根真恩	iɔ̃	心林人	uɔ̃	魂春村	yɔ̃	君俊云
aŋ	忙方昂	iaŋ	良墙央	uaŋ	光床网		
əŋ	中争懂	iŋ	永穷英				

声調 3：

　　₋□　陰平　213：　知四月
　　₋□　陽平　42：　盖合穷
　　ᶜ□　上声　55：　古女百

（董紹克・張家芝主編　1997年『山東方言詞典』より）

2. 平度方言の音声系統

声母 27：

唇　　音：	p 班部	p' 潘爬	m 米忙	f 夫房
舌尖中音：	t 端地	t' 土逃	n 南女	l 李兰
歯間音　：	tθ 资族	tθ' 仓存	θ 思随	
舌尖前音：	ts 际截	ts' 取齐	s 细邪	
舌葉音　：	tʃ 蒸真赵知	tʃ' 处仇程尺	ʃ 说石神	
舌尖後音：	tʂ 争榛罩支	tʂ' 楚愁撑齿	ʂ 所事税是	
舌面中音：	c 经倦	c' 轻权	ç 喜玄	
舌根音　：	k 姑柜	k' 哭葵	x 好胡	
零声母　：	ø 安烟弯冤耳肉人			

韻母 35：

	開口呼		齐齿呼		合口呼		撮口呼
a	大沙割	ia	俩家牙	ua	抓花瓦		
ə	波遮彻	iə	邪业热	uə	多河鹅	yə	脚约弱
ər	儿耳二						
ɿ	资知十						
ʅ	支翅诗	i	比衣日	u	书助五	y	居鱼如
ɛ	态赛海	iɛ	街蟹矮	uɛ	帅怪外		
ei	杯对麦刻			uei	追龟胃		
ɔ	包高袄	iɔ	标咬绕				

ou	斗收欧	iou	酒又肉					
ã	班酸安	iã	边言然	uã	专关完	yã	全远软	
ə̃	奔村恩	iə̃	林银人	uə̃	准棍文	yə̃	俊云闰	
aŋ	帮张钢	iaŋ	江央让	uaŋ	庄光汪			
oŋ	灯东争中	iŋ	兄胸影永					

声調 3：

͡□	陰平	214：	波标瓜靴	似幸妇拒	拜肖富劝	
			内利胃晕	大效惠聚	脉列物玉	
͡□	陽平	53：	梅娘罗鱼	婆皮胡裙	犐坐圈 猪~	
			伺闭锢眷	妹厉路预	败掉画眩	
			肋~巴 栗洛碌~碡		乏斜滑学	
͡□	上声	55：	彩喜土举	马咬苇雨	法鸭谷菊	
			拉~拢			

（銭曾怡主編・于克仁著 1992 年『平度方言志』より）

3. 高密方言の音声系統

声母 29：

唇 音：	p	布步别	pʻ	怕盘皮	m	门米蒙	f	飞冯富
	v	闻围危						
歯間音：	tθ	糟祖宗	tθʻ	仓曹错			θ	苏散僧
舌尖前音：	ts	精焦节	tsʻ	秋齐全			s	修旋线
舌尖中音：	t	到道夺	tʻ	太同通	n	难怒泥女	l	兰路而
舌尖後音：	tʂ	追争知	tʂʻ	窗巢锄			ʂ	税生师
舌葉音：	tʃ	招主专	tʃʻ	昌处潮			ʃ	扇书顺
舌面前音：	tɕ	杰经结	tɕʻ	丘旗桥			ɕ	休玄虚
舌根音：	k	贵跪刚	kʻ	葵开考	ŋ	岸案袄	x	灰红化
零声母：	ø	严然软						

韻母 35：

	開口呼		斉歯呼		合口呼		撮口呼
ɿ	资此丝						
ʅ	知吃诗						
əl	儿耳而	i	第梯日	u	故木书	y	虚绿雨
a	爬花割	ia	架夹下	ua	刮夸抓		
ɔ	车各过	iɔ	接铁野	uɔ	波郭合	yɔ	确靴月
ɛ	盖代菜	iɛ	街介矮	ɜu	怪帅快		
ei	北肥对			uei	桂岁雷		
ɔ	包烧老	iɔ	条交叫				
ou	斗收走	iou	秋流求				
ã	胆三含	iã	间廉连	uã	官关酸	yã	捐权圆
ə̃	根门真	iə̃	紧新林	uə̃	吞村魂	yə̃	群勋云
aŋ	党桑张	iaŋ	讲良枪	uaŋ	光床装		
əŋ	东登横	iŋ	星胸英				

声調 4：

　ᴄ□　陰平　213：　诗居渠
　ₑ□　陽平　42　：　时题笛
　ᶜ□　上声　44　：　使举职古展老
　□ᵓ　去声　21　：　是腊灭

（董紹克・張家芝主編　1997年『山東方言詞典』より）

4. 寿光方言の音声系統

声母 22：

唇　　音：	p	班伴不醭	p'	攀盘铺蒲	m	蛮模	f	翻凡福扶
舌尖中音：	t	单但都毒	t'	贪谈土图	n	南年奴女	l	兰然栾儿
舌尖前音：	ts	簪暂租卒	ts'	参残粗			s	三苏

舌尖後音：	tʂ 支知庄		tʂʻ 眵痴窗			ʂ 扇山	
舌面前音：	tɕ 坚尖健荐		tɕʻ 牵千钳钱			ɕ 掀先咸涎	
舌根音 ：	k 干姑		kʻ 刊哭		ŋ 安恩袄欧	x 鼾寒呼胡	
零声母 ：	ø 言焉延弯元万						

韵母 37：

	開口呼		齐齿呼		合口呼		撮口呼
ɿ	资次						
ʅ	支斥						
i	儿耳日	i	衣低济	u	屋都组	y	鱼区绿
a	啊八割	ia	鸭掐	ua	洼瓜抓		
ə	波车	iə	也憋谢	uə	窝锅哥	yə	约脚决
ɛ	爱孩	iɛ	挨街蟹	uɛ	歪乖怀		
əi	北德麦			uəi	威归或		
ɔ	熬高招	iɔ	腰敲				
əu	欧走	iəu	尤酒				
an	安干	ian	烟间	uan 弯官		yan	冤捐
ən	恩根	in	因斤	uən 温滚		yən	晕均
aŋ	昂刚	iaŋ	央江	uaŋ 汪光			
əŋ	庚灯	iŋ	英经	uŋ 翁工		yŋ	拥穷

声調 4：

˷□	陰平	213：	诗低期湿滴	
˵□	陽平	53：	时题黎敌食	
˴□	上声	55：	使底里	
□˧	去声	21：	是地让立日	

(錢曾怡主編・張樹錚著 1995 年『寿光方言志』より)

5. 莒県方言の音声系統

声母 25：

唇　　音：	p 布步比	pʻ 怕盘皮	m 毛木米	f 飞冯扶
舌尖中音：	t 到道动	tʻ 讨途梯	n 难怒年	l 来路吕
舌根音　：	k 高改更	kʻ 可开葵	ŋ 安昂袄	x 红汗湖
舌面前音：	tɕ 加机教	tɕʻ 巧欠枪		ɕ 先乡西
舌尖後音：	tʂ 支主展	tʂʻ 吹处昌		ʂ 少生山
舌尖前音：	ts 早杂祖	tsʻ 草仓醋		s 三送苏
歯間音　：	tθ 交江九	tθʻ 车超除		θ 室食书
零声母　：	ø 衣日人			

韻母 37：

	開口呼		齐歯呼		合口呼		撮口呼
ɿ	资此丝						
ʅ	之知失						
ər	儿耳二	i	比吉梯	u	不吐故	y	徐去虚
a	拔他发	ia	甲下牙	ua	瓜花夸		
ə	波饿锅			uə	朵脱说		
		ie	别贴接			ye	缺雪若
ɛ	太改败	iɛ	街鞋矮	uɛ	怪怀坏		
ei	责背德			uei	推退嘴		
ɔ	刀早老	iɔ	搞好表				
ou	手斗口	iou	丢九扭				
an	宽三担	ian	天偏点	uan	款缓玩	yan	劝卷泉
ən	本门昏	in	斤宾银	uən	屯唇轮	yən	训运津
aŋ	当赏厂	iaŋ	张枪杨	uaŋ	庄黄双		
əŋ	绳等冷	iŋ	听顶硬	uŋ	孟坑董	yŋ	荣兄用

声調 4：

　　˩□　陰平　213：　笔诗忽
　　˪□　陽平　53：　停明白
　　˥□　上声　55：　主起免
　　□˩　去声　31：　近住气

（董紹克・張家芝主編　1997年『山東方言詞典』より）

◎西区西齐小区（6地点）：

1．済南方言の音声系統

声母 25：

　　唇　　音：　p　帮布并白　　p'　派怕盘爬　　m　明门麻木　　f　非夫冯佛
　　　　　　　　v　微晚文忘
　　舌尖中音：　t　端到定夺　　t'　透太同徒　　n　拿南暖奴
　　　　　　　　l　来罗乳瑞
　　舌根音　：　k　贵根柜共　　k'　开康狂葵　　ŋ　爱袄安昂　　x　灰汉胡红
　　舌面前音：　tɕ　精集见杰　　tɕ'　清前轻群　　ɲ　泥牛年女　　ɕ　细邪晓匣
　　舌尖後音：　tʂ　知章浊助　　tʂ'　彻昌澄崇　　　　　　　　　　ʂ　书生善时
　　　　　　　　ʐ　日扰然人
　　舌尖前音：　ts　增祖在族　　ts'　仓粗从存　　　　　　　　　　s　苏思饲随
　　零声母　：　ø　阿影疑屋云以

韻母 37：

　　　　　開口呼　　　　　齐齿呼　　　　　合口呼　　　　　撮口呼
　　ɿ　资次丝四
　　ʅ　知翅诗日
　　ər　儿而耳二　　i　比低鸡衣　　u　布土故乌　　y　旅居徐雨

a	八袜沙哈	ia	加恰虾鸭	ua	抓刷瓜华			
ə	波窝哥鹅	ie	灭铁茄野	uə	多错桌锅	yə	决缺学约	
ɛ	牌歪斋该	iɛ	阶介鞋挨	uɛ	摅帅怪坏			
ɔ	包刀遭高	iɔ	标刁交妖					
ei	白威贼黑			uei	推最追归			
ou	兜走周沟	iou	丢流纠忧					
ã	班弯山安	iã	边天尖烟	uã	端酸专官	yã	捐权玄渊	
ẽ	奔温真根	iẽ	宾林今音	uẽ	敦尊春昏	yẽ	军皴熏晕	
aŋ	帮汪张昂	iaŋ	良将娘央	uaŋ	庄双光荒			
əŋ	崩翁争庚	iŋ	冰丁精英	uŋ	东宗中公	yŋ	窘穷兄拥	

声調 4：

˔□	陰平	213：	高猪低安	发接桌屈
˪□	陽平	42：	寒才人麻	杂敌活学
˥□	上声	55：	古纸走比	女老暖买
□˥˩	去声	21：	近盖共树	纳叶洛月

(侯精一主編・錢曾怡　朱廣祁編『済南話音档』より)

2. 徳州方言の音声系統

声母 24：

唇　　音：	p	班布	pʻ	怕盘	m	门妹	f	飞冯	v	闻围
舌尖中音：	t	胆道	tʻ	太同	n	南女			l	兰路
舌根音　：	k	高跪	kʻ	开葵	ŋ	欧岸	x	灰红	
舌面前音：	tɕ	精经	tɕʻ	清轻			ɕ	休修	
舌尖後音：	tʂ	蒸罩	tʂʻ	初抄			ʂ	生捎	ʐ	日荣
舌尖前音：	ts	增造	tsʻ	仓曹			s	散苏	
零声母　：	ø	严而							

韻母 37：

	開口呼		斉歯呼		合口呼		撮口呼
ɿ	资此私						
ʅ	支尺失						
ər	儿耳二	i	地梯以	u	母出屋	y	虚雨俗
a	爬蛙杀	ia	架夹霞	ua	刮花夸		
ɔ	波割窝	ie	接且铁	uɔ	郭活捉	yə	缺月学
ɛ	盖伯太	iɛ	街介涯	uɛ	怪帅歪		
ɔ	保猫早	iɔ	条学约				
ei	倍妹为			uəi	队贵岁		
ou	斗收走	iou	秋牛流				
ã	竿含三	iã	间衔前	uã	专短酸	yã	捐权圆
ẽ	根盆温	iẽ	紧林心	uẽ	魂昆存	yẽ	军群云
aŋ	党桑望	iaŋ	讲枪良	uaŋ	光床荒		
əŋ	庚横翁	iŋ	精灵星	uŋ	东红中	yŋ	穷雄

声調 4：

    ˽□   陰平   213：   天刚福
    ˽□   陽平   42：   墙白匣
    ˹□   上声   55：   草体五
    □˺   去声   21：   醉麦物

(銭曾怡主編・曹延傑著 1991 年『徳州方言志』より)

3. 濱州方言の音声系統

声母 25：

唇　　音：	p	布步	pʻ	盘怕	m	门米	f	飞冯	v	围午
舌尖中音：	t	到读	tʻ	太同	n	难怒			l	连蓝
舌根音　：	k	贵跪	kʻ	开葵	ŋ	岸案	x	化活		

舌面前音： tɕ 经结　　tɕʻ 丘旗　　ɳ 女年　　ɕ 休玄
舌葉音　： tʃ 招主　　tʃʻ 昌初　　　　　　　ʃ 扇书　　ʒ 认软
舌尖前音： ts 糟精　　tsʻ 仓秋　　　　　　　s 散修
零声母　： ø 硬约

韻母 37：

	開口呼		斉歯呼		合口呼		撮口呼
ꙇ	资此丝						
ʅ	支吃失						
ɭ	儿耳二	i	急第以	u	出鹿木	y	虚绿雨
a	爬蛇辣	ia	架夹牙	ua	刮花抓		
ə	过各舌	ie	接铁野	uə	郭活落	yə	缺靴月
ɛ	盖开爱	iɛ	街鞋崖	uɛ	怪帅拽		
ei	北百妹			uei	桂贵会		
ɔ	保高桃	iɔ	条交小				
ou	斗丑收欧	iou	秋流九				
ʌ	胆竿三	iʌ	间欠连	uʌ	官短酸	yʌ	权捐船
ɔ̃	根本温	iɔ̃	紧林心	uɔ̃	昆魂准	yɔ̃	军群云
aŋ	刚桑上	iaŋ	讲良羊	uaŋ	光床双		
oŋ	庚坑翁	iəŋ	经灵星	oŋ	红东动	ioŋ	琼穷胸

声調 4：

˧□　陰平　13：高三昏
˨□　陽平　53：穷局舌
˧□　上声　44：古发曲
□˧　去声　21：盖共

　　　　　（董紹克・張家芝主編　1997年『山東方言詞典』より）

4. 桓台方言の音声系統

声母 24：

唇　　音：	p	巴布步	p'	怕盘坡	m	蒙美米	f	飞冯方	v	窝威晚		
舌尖中音：	t	到道单	t'	太同天	n	乃怒女			l	老路吕		
舌根音　：	k	高该钢	k'	开葵亏	ŋ	恩袄	x	花红河				
舌面前音：	tɕ	家煎巨	tɕ'	丘求去			ɕ	休修消				
舌尖後音：	tʂ	猪章知	tʂ'	除昌锄			ʂ	书伤山	ʐ	热肉如		
舌尖前音：	ts	栽组增	ts'	猜仓粗			s	虽三苏				
零声母　：	ø	央约鱼										

韻母 37：

	開口呼		齐歯呼		合口呼		撮口呼	
ɿ	资此私							
ʅ	知吃失							
ɭ	儿耳二	i	机衣低	u	叔促古	y	驹居于
a	妈巴杂	ia	加夹压	ua	瓜刷花		
ə	播车折	iə	爹接协	uə	郭合多	yə	靴约确
ɛ	开该呆	iɛ	解街鞋	uɛ	乖帅坏		
ei	陪色美			uei	追归推		
ɔ	刀高朝	iɔ	交巧腰				
əu	斗勾周	iəu	秋求忧				
ã	肝胆安	iã	边天仙	uã	官钻专	yã	宣冤捐
ə̃	根真分	iə̃	金心因	uə̃	昆昏吞	yə̃	军群云
aŋ	张刚帮	iaŋ	江枪香	uaŋ	光床王		
əŋ	庚争风	iŋ	精丁青	uŋ	东中公	yŋ	穷凶拥

声調 4：

　　ₑ□　陰平　213：　刚开飞
　　ₑ□　陽平　55：　考陈集

˨˩ 上声 31： 旱社赵
˧˧ 去声 33： 拍竹尺

(董紹克・張家芝主編　1997年『山東方言詞典』より)

5. 博山方言の音声系統

声母24：

唇　　音：	p 布别	p' 怕盘	m 麻门	f 飞冯
	v 武危			
舌尖中音：	t 到大	t' 太逃	n 南奴年女	
	l 来路人软			
舌尖前音：	ts 走杂	ts' 草曹		s 三隋
舌尖後音：	tʂ 战赵支助	tʂ' 超迟翅柴		ʂ 烧绍诗是
	ɿ 儿二			
舌面前音：	tɕ 焦就加极	tɕ' 取齐敲乔		ɕ 笑习希匣
舌根音　：	k 贵跪	k' 开葵	ŋ 袄岸	x 灰回
零声母　：	ø 啊延缘			

韻母37：

	開口呼		斉歯呼		合口呼		撮口呼
ɿ	字次四	i	毕低基衣	u	乌如租姑	y	吕居雨
ʅ	志翅试						
a	瓦拿杂割	ia	俩加牙	ua	抓瓜		
ə	波而遮革	iə	憋爹节野	uə	多作桌各	yə	略觉约
ɛ	歪台灾哀	iɛ	阶矮	uɛ	帅乖		
ɔ	包刀早袄	iɔ	标雕交妖				
ei	白墨则黑			uei	累追伟		
əu	兜走周藕	iəu	刘纠忧				
ã	弯男山安	iã	边田尖烟	uã	短酸穿官	yã	捐元
ə̃	温人针恩	iə̃	宾林今音	uə̃	吞村春昏	yə̃	淋均匀

aŋ　汪汤昌刚　　　iaŋ　娘香央　　　uaŋ　庄光

ɔŋ　翁灯增庚　　　iŋ　平丁精英　　　uŋ　荣宗中公　　　yŋ　龙穷拥

声調3：

˻▢　平声　214：　他渣沙家虾哀／鸭八发挖搭拉擦察割磕喝
˻▢　上声　55：　爬台拿来查蛇茄毫牙／马瓦草考搞袄／拔乏闸匣
▢˺　去声　31：　坝怕肺太菜戏告靠骂夜大号／在善近／袜纳辣

（銭曽怡1993年『博山方言研究』より）

6. 新泰方言の音声系統

声母26：

唇　　音：	p　波部	p'　坡爬	m　麻秘	
唇歯音：	pf　猪庄	pf'　春初		f　夫书
歯間音：	tθ　祖在	tθ'　此才		θ　苏似
舌尖中音：	t　多杜	t'　土头	n　拿弄	l　罗容
舌葉音：	tʃ　知争	tʃ'　超查		ʃ　沙上　　3　日忍
舌面前音：	tɕ　家精	tɕ'　去清	ŋ　泥牛	ɕ　虾心
舌根音：	k　歌共	k'　可狂	ŋ　岸恶	x　火何
零声母：	ø　儿尤王于			

韻母37：

開口呼		斉歯呼		合口呼		撮口呼	
ɿ	资						
ʅ	知						
əl	儿耳	i	衣击	u	五谷	y	玉女
a	巴杀	ia	牙家	ua	袜瓜		
ə	波说	iə	叶且	uə	窝多	yə	月脚
ɛ	待帅	iɛ	街崖	uɛ	外快		
ei	百水			uei	伟累		

ɔ	保矛	ci	咬彪				
ou	斗肉	iou	牛油				
ã	凡山	iã	烟先	uã	湾关	yã	元捐
ẽ	枕分	iẽ	银贫	uẽ	温孙	yẽ	云群
aŋ	当方	iaŋ	央江	uaŋ	汪光		
əŋ	朋生	iŋ	丁英	uŋ	翁工	yŋ	拥兄

声調 4：

꜀□	陰平	213：	高安开飞一出锡尺
꜂□	陽平	42：	才平人文食杂合俗
꜁□	上声	55：	古展好老
□꜄	去声	31：	近是厚父盖放大用六月人麦

（銭曾怡主編・高慎貴著　1996年『新泰方言志』より）

◎西区西魯小区（9地点）

1. 済寧方言の音声系統

声母 22：

唇　　音：	p	布步巴	pʻ	怕盘坡	m	麦木米	f	飞夫	v	微未
舌尖中音：	t	灯到道	tʻ	途汤梯	n	拿怒	l	连来吕		
舌根音　：	k	哥归干	kʻ	开葵渴	ɣ	安恩	x	活海胡		
舌面前音：	tɕ	节居基	tɕʻ	丘秋去	ɲ	年女	ɕ	修休虚		
舌尖前音：	ts	增资祖	tsʻ	仓从粗			s	桑苏树	z	人然
零声母　：	ø	安衣屋								

韻母 36：

開口呼	斉歯呼	合口呼	撮口呼
ɿ　资此师			

ɚ	儿耳二	i	衣机低	u	屋鹿古	y	愚居绿	
a	巴发辣	ia	家夏牙	ua	洼花瓜			
ə	波车渴	ie	接爷姐	uə	窝多过	yə	确雪月	
ɛ	爱开该	iɛ	街也解	uɛ	乖快怀			
ei	白德美			uei	归灰围			
ɔ	高招袄	iɔ	交挑腰					
ou	欧周偷	iou	丢秋流					
ã	干安山	iã	间天烟	uã	官欢弯	yã	捐权圆	
ə̃	跟真恩	ĩ	金林因	uə̃	昆昏温	yə̃	军群勋	
aŋ	脏张昂	iaŋ	姜枪央	uaŋ	装窗汪			
əŋ	争登庚	iŋ	精轻英	uŋ	空中翁	yŋ	穷凶用	

声調4：

˧□	陰平	213：	诗衣灭
˨□	陽平	42：	时棉笛
˥□	上声	55：	使椅
□˧	去声	312：	是弟六

（董紹克・張家芝主編　1997年『山東方言詞典』より）

2．曲阜方言の音声系統

声母 21：

唇　　音：	p 巴别布	p' 怕皮普	m 门明母	f 冯费父
舌尖中音：	t 刀点突	t' 他天同	n 南脑奴	l 蓝路吕
舌根音　：	k 关高古	k' 宽考葵	ɣ 岸欧袄	x 厚黑红
舌面前音：	tɕ 基巨俊	tɕ' 强欺全	ȵ 泥年女	ɕ 细鞋训
舌尖前音：	ts 资早知	ts' 仓粗昌	s 私三试	z 日软绒
零声母　：	ø 衣五鱼			

韻母 36：

	開口呼		斉歯呼		合口呼		撮口呼
ɿ	资知治						
ər	儿耳二	i	飞立齐	u	布古初	y	聚女鱼
a	巴发他	ia	架恰瞎	ua	瓜画刷		
ɛ	改代爱	iɛ	解鞋崖	uɛ	块帅歪		
		ie	姐切谢				
ə	哥盒鹅			uə	桌波窝	yə	觉确月
ei	杯梅黑			uei	贵灰尾		
ɔ	包刀豪	iɔ	交条庙				
ou	欧头楼	iou	酒秋流				
ã	旦三南	iã	千连烟	uã	专端万	yã	泉宣园
ə̃	珍盆神	iə̃	金民林	uə̃	尊论文	yə̃	群俊云
aŋ	堂方昂	iaŋ	讲枪央	uaŋ	光庄汪		
əŋ	灯争风	iŋ	明令英	uŋ	翁东红	yŋ	胸倾永

声調 4：

˨□ 陰平 213： 诗高
˰□ 陽平 42： 时床
˪□ 上声 55： 古你
□˧ 去声 312： 盖近

(董紹克・張家芝主編　1997年『山東方言詞典』より)

3. 菏澤方言の音声系統

声母 24：

唇　　音：	p	布步别	pʻ	怕盘皮	m	门没来	f	飞冯树
舌尖中音：	t	到道夺	tʻ	太同田	n	南怒那	l	兰路吕
舌根音　：	k	贵跪哥	kʻ	葵开考	ŋ	岸案袄	x	化灰红

舌面前音： tɕ 杰经结　　tɕʻ 丘权枪　　ɲ 女年　　　ɕ 休玄虚
舌尖後音： tʂ 追招争　　tʂʻ 窗昌锄　　　　　　　ʂ 税生诗　　ʐ 认日若
舌尖前音： ts 糟宗精　　tsʻ 仓全秋　　　　　　　s 散旋修
零声母　： ø 围微闰

韻母 36：

	開口呼		齊齒呼		合口呼		撮口呼
ɿ	资此私						
ʅ	支尺诗						
l̩	儿耳二	i	第踢肥	u	猪出木	y	雨虚绿
a	巴打辣	ia	架夹牙	ua	花刮夸		
ɛ	盖在来			uɛ	怪帅快		
ə	车舌革	iə	接解矮	uə	郭落坡	yə	靴缺月
iə	北色责			uəi	桂对岁		
ɔ	饱高烧	iɔ	交敲条				
ou	斗勾收	iou	纠秋流				
ã	干胆三	iã	间衔连	uã	关短船	yã	权捐圆
ɔ̃	根真门	ĩ	紧心林	uɔ̃	魂吞村	yɔ̃	君群云
aŋ	刚张当	iaŋ	江枪香	uaŋ	光装床		
əŋ	庚登争	iŋ	精星灵	uŋ	红东翁	yŋ	穷胸雄

声調 4：

˧₃ □　陰平　13： 诗腊纳
˧₂ □　陽平　42： 时石笛
ˈ□　上声　55： 使委以
□ˊ　去声　312： 试替异

（董紹克・張家芝主編　1997 年『山東方言詞典』より）

4. 曹県方言の音声系統

声母 24：

唇　　音：	p 巴布搬	p' 批怕盘	m 面买门	f 飞发说
舌尖中音：	t 到带突	t' 太同疼	n 农拿	l 飞发说
舌根音：	k 改攻刚	k' 开葵苦		x 海红化
舌尖前音：	ts 造俊作	ts' 层曹雀	s 思松雪	z 绕然仍
舌尖後音：	tʂ 政战触	tʂ' 常深冲	ʂ 伤石升	ʐ 日软热
舌面前音：	tɕ 阶精足	tɕ' 亲浸晴	ȵ 你女	ɕ 虚俗肃
零声母：	ø 衣王鱼			

韻母 37：

	開口呼		齐歯呼		合口呼		撮口呼	
	ɿ	资次私						
	ʅ	知吃识						
	ər	儿耳尔	i	衣机飞	u	屋土猪	y	鱼须区
	a	阿发打	ia	压加瞎	ua	挖瓜花		
	ə	哥车	iɛ	叶结街	uə	窝郭活	yə	月缺脚
	ai	哀排开			uai	歪怀拐		
	ɑo	熬高好	iɑo	妖小交				
	ei	美配			uei	位鬼回		
	ou	欧侯头	iou	油刘救				
	ã	安展灿	iã	眼坚鲜	uã	弯官欢	yã	远权捐
	ə̃	恩根认	iə̃	银信亲	uə̃	温昆昏	yə̃	晕军群
	aŋ	昂帮张	iaŋ	阳江枪	uaŋ	汪光筐		
	əŋ	更坑整	iŋ	英明兵	uŋ	工洪翁	yŋ	凶永

声調 4：

⊂□ 陰平　13： 高方刚
⊆□ 陽平　42： 穷罗麻

ᶜ☐　上声　　55：　找早马
☐ᵓ　去声　　31：　告乱冒

(董紹克・張家芝主編　1997年『山東方言詞典』より)

5. 棗莊方言の音声系統

声母23：

唇　　音：	p 布步别	p' 怕盘朋	m 明门马		
唇歯音　：	pf 追猪庄	pf' 出初窗		f 飞顺树	v 软荣瑞
舌尖中音：	t 到道独	t' 太同探	n 难怒暖		l 兰路林
舌根音　：	k 贵古跟	k' 开葵坑		x 化合寒	
舌面前音：	tɕ 精结祖	tɕ' 秋渠醋	ɲ 年女牛	ɕ 虚修苏	
舌尖前音：	ts 增招蒸	ts' 仓昌吃		s 僧扇散	z 认然热
零声母　：	ø 袄危闰				

韻母37：

	開口呼		斉歯呼		合口呼		撮口呼
ɿ	资直师						
ər	儿而二	i	急踢肥	u	猪书木	y	雨虚续
a	爬达辣	ia	架卡下	ua	刮夸花		
ɔ	各车波	iɔ	姐接野	uɔ	郭活落	yɔ	脚学月
ɛ	盖卖帅	iɛ	解街矮	uɛ	怪怀歪		
e	倍妹色			ue	桂对岁	ye	嘴堆碎
ɔ	饱烧毛	iɔ	乔掉咬				
ou	斗走收	iou	秋流油				
æ̃	胆含三	iæ̃	间千连	uæ̃	关短酸	yæ̃	权钻远
ẽ	根奔恩	iẽ	紧新林	uẽ	昆温吞	yẽ	群均云
aŋ	刚张当	iaŋ	江枪香	uaŋ	光装床		
əŋ	庚登争	iŋ	精星灵	uŋ	红东翁	yŋ	穷胸雄

声調 4：

  ┌□ 陰平 213： 诗识
  └□ 陽平 55： 时逸
  ┌□ 上声 35： 使免
  □┐ 去声 51： 是杜

       （董紹克・張家芝主編　1997 年『山東方言詞典』より）

6. 臨沂方言の音声系統

声母 25：

唇　　音：	p 布步别	p' 盘怕平	m 门梅		f 飞符冯
舌尖中音：	t 到夺达	t' 太同土	n 难怒		l 兰连吕
舌根音　：	k 贵高光	k' 开葵宽			x 化欢灰
舌面前音：	tɕ 精节杰	tɕ' 秋齐全	ȵ 女年		ɕ 玄修虚
舌尖後音：	tʂ 追争专	tʂ' 窗初除		ʂ 税声书	ʐ 若然
舌尖前音：	ts 祖尊增	ts' 粗材才			s 苏蒜丝
零声母　：	ø 衣乌安				

韻母 37：

開口呼	齐齿呼	合口呼	撮口呼
ɿ 资此私			
ʅ 支吃诗			
ər 儿而二	i 急第衣	u 故都书	y 虚居欲
a 巴爬辣	ia 架瞎压	ua 刮花蛙	
ə 车合折	iə 铁接野	uə 过多落	yə 觉缺药
ai 盖开怀	iai 解鞋矮	uɛ 怪帅外	
ei 责北美		uei 对推岁	
ao 饱到烧	iao 乔条苗		
ou 斗勾收	iou 救秋流		

ã	干胆三	iã	间前严	uã	官短酸	yã	捐权圆
õ	根真门	ĩ	金心林	uõ	昆魂横	yõ	君群云
aŋ	张当桑	iaŋ	讲强良	uaŋ	光床装		
əŋ	庚登坑	iŋ	精星灵	uŋ	东忠翁	yŋ	雄胸勇

声調 4：

₍□	陰平	213：	诗衣灭
₌□	陽平	53：	时灵笛
ᶜ□	上声	55：	使体读
□⊃	去声	312：	试杜据

(董紹克・張家芝主編　1997年『山東方言詞典』より)

7. 平邑方言の音声系統

声母 26：

唇　　音：	p 布步办	pʻ 怕盘皮	m 面马买				
唇歯音　：	pf 抓壮准	pfʻ 穿床春		f 夫服树	v 如荣软
舌尖前音：	ts 糟脏早	tsʻ 草从蚕		s 三扫苏	
舌尖中音：	t 到道东	tʻ 团桃通	n 难怒		l 理老吕
舌尖後音：	tʂ 知这找	tʂʻ 车长吵		ʂ 射森少	ʐ 忍如热
舌面前音：	tɕ 阶纪祖	tɕʻ 亲强粗	ȵ 年女	ɕ 现苏孙	
舌根音　：	k 干哥攻	kʻ 可开快		x 欢好红	
零声母　：	ø 恩牙远				

韻母 38：

	開口呼	斉歯呼	合口呼	撮口呼
ɿ	资词丝			
ʅ	支吃失			
ʅ	儿耳二	i 梯集旗	u 助服古	y 举序雨
a	发打沙	ia 加瞎下	ua 花瓜瓦	

ə	波哥说	iə	叶结钱	uə	我多雪	yə	缺血约
ai	排开害	iai	街鞋也	uai	快坏外		
ei	肥飞白			uei	鬼对位	yei	罪岁崔
ao	抱劳号	iɔ	桥小笑				
ou	豆勾周	iou	秋九流				
an	展干汉	ian	前先天	uan	关短弯	yan	权酸远
ən	根认针	in	宾信金	uən	昆昏吞	yn	军群润
aŋ	帮方唐	iaŋ	江香羊	uaŋ	光狂黄		
əŋ	整灯庚	iŋ	京名青	uŋ	宫冬空	yŋ	凶永松

声調 4 :

˧ 陰平　213 : 刚商麦
˨ 陽平　53 : 陈唐杂
ˇ 上声　34 : 展五米
˥˩ 去声　312 : 近社爱

(董紹克・張家芝主編　1997 年『山東方言詞典』より)

8. 聊城方言の音声系統

声母 21 :

唇 音：	p 巴步	p' 怕平	m 买木		f 发冯
舌尖中音：	t 刀地	t' 台图	n 男努		l 拉连
舌根音 ：	k 干古	k' 开宽	ɣ 爱藕		x 喝化
舌面前音：	tɕ 尖居	tɕ' 秋确	ȵ 年女		ɕ 希宣
舌尖前音：	ts 资知	ts' 次吃		s 私失	z 人弱
零声母 ：	ø 儿烟窝雨润				

韵母 37 :

開口呼　　　斉歯呼　　　合口呼　　　撮口呼
ɿ 资支尺湿日

ər	儿耳二	i	鸡西衣	u	猪谷屋	y	句区玉
a	马杂哈	ia	压家瞎	ua	洼瓜刷		
ɛ	百责挨	iɛ	街鞋崖	uɛ	摔乖歪		
ə	剥车恶	iə	别接爷	uə	作郭窝	yə	决缺约
ei	笔培德			uei	追归畏		
ɔ	包烧袄	iɔ	交消腰				
ɔu	斗勾欧	iəu	牛纠优				
ã	潘单安	iã	边先烟	uã	端关弯	yã	捐劝冤
ən	本根恩	in	斤亲阴	uən	尊棍温	yn	军群云
aŋ	帮当昂	iaŋ	江乡央	uaŋ	庄光汪		
əŋ	崩争庚	iŋ	经兴英	uŋ	中工翁	yŋ	穷兄拥

声調 4：

˧˩	陰平	13：	高安专边开初天婚伤飞 ǀ 出约竹福尺铁确
˧˩	陽平	42：	穷唐平寒神扶鹅尤文云 ǀ 局宅白食合舌服
˥˩	上声	55：	古走碗口丑体好手五老有 ǀ 读掠仆属索乙
˧˩˧	去声	313：	盖爱抗汉共害岸近是厚社 ǀ 木麦绿人月袜

（錢曾怡主編・張鶴泉著 1995 年『聊城方言志』より）

9. 陽谷方言の音声系統

声母 24：

唇音：	p	巴标帮	pʻ	抛普皮	m	马米买	f	飞冯水	
舌尖中音：	t	待道刀	tʻ	太同天	n	南怒	l	来路吕	
舌根音：	k	高关故	kʻ	考葵苦	ɣ	岸恩鹅	x	好红胡	
舌面前音：	tɕ	基加足	tɕʻ	奇妻秋	ȵ	泥年女	ɕ	修休俗	
舌尖後音：	tʂ	章知庄	tʂʻ	昌迟测			ʂ	诗神涩	ʐ 日让仍
舌尖前音：	ts	糟宗俊	tsʻ	仓醋全			s	三苏宣	
零声母：	ø	衣拟容闰							

韻母 37：

	開口呼		斉歯呼		合口呼		撮口呼
ɿ	资此私						
ʅ	知吃失						
ɚ	儿耳二	i	比低飞	u	布猪祖	y	律足俗
a	巴打蛇	ia	加瞎鸭	ua	瓜刮抓		
ɛ	摆待该	iɛ	街解矮	uɛ	怪快歪		
ɔ	说车热	ie	接谢叶	uɔ	播多左	yɔ	确缺药
əi	笔各贼			uəi	归追最		
ɑo	包刀高	iɑo	校交标				
ou	勾周走	iou	丢秋流				
ã	般单甘	iã	边坚前	uã	官宽专	yã	捐权圆
ɔ̃	真跟奔	iɔ̃	宾今林	uɔ̃	敦准尊	yɔ̃	军群云
aŋ	帮当刚	iaŋ	江良枪	uaŋ	光庄汪		
əŋ	庚增争	iŋ	兵丁京	uŋ	东中翁	yŋ	琼凶拥

声調 4：

₋□	陰平	13：	天刚麦
₌□	陽平	42：	穷陈舌
ᶜ□	上声	55：	古展读
□ᵓ	去声	312：	近盖六

（董紹克・張家芝主編　1997 年『山東方言詞典』より）

所収論文初出掲載一覧

山東方言声母の統一と分化
　　（『山口県立大学国際文化学部紀要』第4号　1998年）

山東方言声調の構造
　　（『中国語研究』第42号　2000年）

『金瓶梅』の音声特徴と魯西南方言の音声
　　（『中国語研究』第43号　2001年）

『金瓶梅』における山東方言語彙の考証
　　（『山口県立大学大学院論集』第1号　2000年）

魯西南方言文法三話
　　（『漢語教学研究』春季号　2000年）

著者略歴

馬鳳如（ま　ほうじょ）

　　1952年中国山東省生まれ。山東師範大学中国言語文学部卒業。北九州大学大学院修士課程終了。山東師範大学講師、下関市立大学常勤嘱託講師歴任。現在、山口県立大学教授。中国言語学専攻。

主要著書：
単著『金郷方言志』斉魯書社（2000年）
共著『莱西県志』山東人民出版社（1989年）
共著『膠州市志』新華出版社（1992年）
共著『普通話語音教程』青島出版社（1989年）

主要論文：
「中国語と日本語の音声比較」(『下関市立大学論集』33巻2号、1989年)
「中国語と日本語の数量表現」(『山口県立大学国際文化学部紀要』1号、1995年)　など

山口県立大学学術出版助成出版

山東方言の調査と研究

2004年3月30日　初版発行

著　者　馬鳳如
発行者　佐藤康夫
発行所　白帝社
　　　　〒171-0014　東京都豊島区池袋2-65-1
　　　　電話　03-3986-3271
　　　　FAX　03-3986-3272（営）/03-3986-8892（編）
　　　　http://www.hakuteisha.co.jp/

組版　柳葉コーポレーション　　印刷　大倉印刷　　製本　カナメブックス

© 2004 Ma Fengru Printed in Japan　　ISBN4-89174-684-X